湛庐CHEERS

与最聪明的人共同进化

HERE COMES EVERYBODY

CHEERS
湛庐

AI告诉你系列

TOP 5%
精英的
时间管理秘诀

AI分析でわかった
トップ5%社員の時間術

[日]越川慎司 著 程俐 译

浙江科学技术出版社·杭州

在职场中，你是时间管理达人吗？

扫码加入书架
领取阅读激励

- 在忙碌的工作中，叹气能促进大脑运转并舒缓神经吗？（ ）

  A. 能

  B. 否

- 为了“在更短时间内取得更大的成果”，你可以尝试（ ）。

  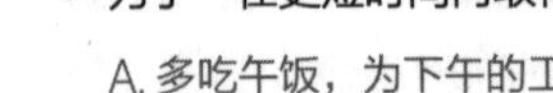

  A. 多吃午饭，为下午的工作做准备

  B. 工作前至少要保证 5 分钟以上的信息检索时间

  C. 反复确认待办任务列表

  D. 只在桌上的杯子里盛放着一两口的水量

扫码获取全部测试题及答案，
一起获取时间管理的秘诀

- 职场精英每周会通过一次（ ）分钟的内省来确认他们正在做的工作是否与取得成果有关。

  A. 5

  B. 15

  C. 30

  D. 60

扫描左侧二维码查看本书更多测试题

前　言

AI 告诉你，如何走出加班泥沼

每天我总是在夜色降临的时候才能结束一天的工作。我明明在工作上拼命努力，没有半分懈怠，但回过神时，一天所余的时间却是寥寥。虽然我整天忙于工作，却依然得不到周围人的好评。即使领导要求我别再加班，我还是极少能按时下班。

虽然我隐约觉得自己应该努力做出调整，却没有额外的精力思考如何提高工作效率，更没有远大的职业理想。而且，我一回家就想干点儿自己喜欢的事……

我曾经过着如上所述的生活。忙到深夜还完不成工作的最大原因，不是我能力低下，而是没有找到更简单的方法。我总是被工作追着跑，也非缺乏干劲，而是资源（时间、专注力和精力）实在有限。

西方有这样一句谚语："手里拿着锤子，眼中满世界都是钉子。"[1] 意思是说，倘若一个人执着于固有观念和过去的成功经验，就不得不用固有的方法（锤子）来解决所有问题，从而无法抓住问题的本质。

如果一个人只着眼于完成当下的工作，就容易忽视原本的目标。在已有定论的情况下采取行动的做法叫作确证偏见[2]。怀有确证偏见的人会为了得到事先已经认

---

① 这句谚语出自因需求层次理论而闻名的美国著名社会心理学家亚伯拉罕·马斯洛的著作《科学心理学》（*The Psychology of Science*）。

② 确证偏见是指在论证中，论者所持有的对待证论点（假说）存在轻信或者偏执的信任，对自己的论点只满足于确证，而不反思它可能是错的，也拒绝承认其他的可能性解释，以自我为中心取舍论据，漠视、贬损或掩盖对之不利的证据，对论证缺乏批判性态度的不当思维。——译者注

定的结果而采取行动。他们会在无意识中把整天忙得不可开交当成好事，从而脱离原来的目标，以完成工作为目的，来获得工作的充实感。等意识到不对劲时，自己早已陷入持续加班的深渊。

TOP5% 精英[①]正在实践的时间管理秘诀可以帮助人们从这种加班泥沼中走出来，用最少的努力摆脱现状。这些时间管理秘诀对于普通员工而言也是适用的。在 2.2 万名学习并掌握 TOP5% 精英时间管理秘诀的员工中，89% 的人表示他们“已经能用更短的时间取得更大的成果了”。

我曾在微软工作，后来为了帮助大家提高工作效率和改革学习方法，我辞职创立了 Cross River。之后，我的公司帮助了 800 多个公司和团体，总计 17 万名职场人士提高工作效率。Cross River 的员工每周休息 3 天，我们自己就是缩短工作时间的践行者。

---

① 在本书中，各公司人事评价最高的前 5% 的职场精英被界定为 TOP5% 精英。——编者注

我们从这些被帮助过的公司和团体中寻找成绩突出之人，还在各公司高层领导的配合下，对他们公司中人事评价排名前 5% 的精英的言行进行了分析。我总结 TOP5% 精英的共同点及他们与普通员工间的差异，出版了《5% 职场精英的工作习惯》。后来，我又出版了《TOP5% 领导者的高效管理秘诀》[①]。该书发售两周就卖出 3 万余册，跻身畅销书行列。

促使更多的人朝着正确的方向迈进，一直是我著书的初衷。本书以“时间管理秘诀”为主题，与之前两本书相比更注重实践性，我还在帮助读者降低行动门槛上下足了功夫，不仅要让大家“知道”，而且要让大家“做到”。

请大家一开始不要追求巨大的成功，试着稍微改变一下自己的行动吧。你会发现，做出一丁点儿努力就能

① 《TOP5% 领导者的高效管理秘诀》是越川慎司的另一经典著作。这本书通过大数据分析，为领导者汇总了一份实操性极强的工作指南，以便让忙碌的读者也能轻松改进工作方法。该书中文简体字版已由湛庐引进，浙江教育出版社于 2023 年出版。——编者注

让你摆脱现状。当你体会到微小的改变带来出人意料的美好感觉后，你的思想将发生巨变。与其花上 5 年乃至 10 年的时间坐等思想改变，不如先来改变行动。行动一变，思想就会改变。思想一旦改变，你就能放弃不必要的工作，把精力集中到重要的事情上来，从而产出成果。一旦有了成果，那么无论是在公司内部工作还是离开公司，你都可以拓宽自己的选择范围。

我强烈期盼越来越多的读者能摆脱现状，不再为工作所苦，早日走出加班泥沼。

目 录

AI分析でわかった

トップ5%

社員の時間術

第 1 章

为什么24小时只在弹指一挥间

TOP5% 精英	普通员工
先确定好应该放弃的工作。	完成分配给自己的所有工作。
在周五和周一感到时间不够用。	在周三和周四感到时间不够用。
把精力放在自己可以掌控的地方。	抱怨领导导致自己加班过多。
更注重工作应该达到的效果。	以提高工作效率为目标。
用最小的努力完成工作。	加倍努力完成工作。

94% 的普通员工感觉“时间不够用”

为什么普通员工[①]加班也出不了成果，TOP5% 精英不加班也成果丰硕？通过对两者的调查，我们找出了其中的原因。

① 作者通过大量样本分析，得出“TOP5% 精英”和“普通员工”的定义：“在任何一家公司里，人事评价最高的前 5% 员工被界定为 TOP5% 精英，剩下的 95% 被界定为普通员工。”为方便读者阅读，译者将原稿中的“95% 社員”均简译为“普通员工”。——编者注

日本的《劳动基准法》规定，员工一天的工作时间原则上不得超过 8 小时，一周不得超过 40 小时。

日本的公司必须为超过规定时间的工作向员工支付补贴。所谓“超过规定时间的工作”就是加班。

在普通员工中，感觉“时间不够用”的人占到了总人数的 94%，他们不是觉得《劳动基准法》中规定的工作时间太短，而是在表达“无论怎么加班也做不完工作”这种状态。我们把这种状态称为“加班泥沼”，员工感到时间不够用是因为“陷入了加班泥沼”。

而在 TOP5% 精英中，感觉“时间不够用”的人仅占 37%，还不到普通员工的一半（见图 1-1）。

TOP5% 精英明白时间有限，在此基础上，他们会思考如何用更短的时间获取更大成果，所以他们认同限制工作时长的做法。因此，他们比其他人更执着于创造成果。

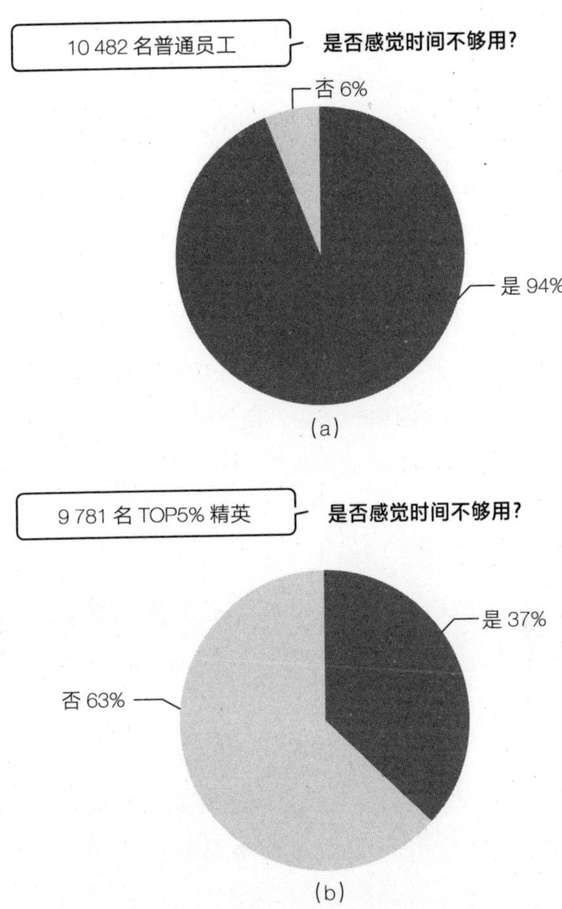

图 1-1　就“是否感觉时间不够用”面向普通员工和 TOP5% 精英调查的结果

另外，TOP5% 精英对新的工作挑战兴味盎然，愿意接受更多的挑战。但是，他们并非只简单直接地去挑战新事物，而是在挑战之前，先确定好应该放弃的工作。因为他们明白，在有限的时间内开启某项工作时，就应先放弃不必要的工作。

而普通员工满脑子想的都是如何完成被分配到手中的工作，往往不会有主动放弃某些工作的念头。**如果只是一味应付纷至沓来的工作，自然就会出现时间不够用的情况。**

顺便提一句，普通员工会在周三和周四感到时间不够用，而 TOP5% 精英却在周五和周一感觉时间不够用。

因为大多数人都是在周六、周日休息，所以，他们的不同之处在于，两者感觉时间不够用的节点分别是在周中和周末前后。为什么会有这样的差异呢？仅对 TOP5% 精英和普通员工进行访谈无法得出结论，但我们可以通过情绪识别系统找到缘由。

在观看对员工定点观测的视频时，我们聚焦于 TOP5% 精英和普通员工各自的表情上，通过 AI 的情绪识别系统（Emotion API）分析，将情绪进行分类。

结果发现，TOP5% 精英在述说“时间不够用”时，倾向于表露正面情绪；而普通员工在说到“时间不够用”时，则会给人以沉重感，甚至有时还有表达愤怒等负面情绪的倾向。

基于这个分析结果，我们重新听取了 TOP5% 精英的想法。对于“能否积极看待时间不够用”的问题，竟有超过一半的 TOP5% 精英回答“能”。他们的理由都带着强烈的自我肯定，如“有很多事想做是一件好事”“要做的工作很多，说明自己得到了周围人的认可”。

TOP5% 精英可以正向理解时间的有限性，一边提高自我肯定感一边工作。而普通员工则在时间的步步紧逼中，满腹牢骚，得过且过。不同的人，对时间的理解不同，自然会在行为上有差异。

74% 的普通员工不认同“工作方式改革 = 减少加班”

随着日本工作方式改革相关法案的实施，一旦员工的加班时间超过了上限，公司就会受到处罚，所以各公司的人事部门开始努力减少员工的加班时间。但是，如果工作没做完就回家，员工就出不了成果。

我们就“是否赞成减少加班”这一话题对普通员工进行了匿名调查。结果发现，有 74% 的人提出了反对意见（见图 1-2）。更令人意外的是，这种倾向在 20 多岁的人群中尤为明显，处于这一年龄段的员工中有 77% 的人表示反对。

调查结果显示，在反对的人中，为了赚取加班费而加班的人只占 12%。大多数人的反对理由是“工作做不完”。他们认为，工作未做完就回家是不合理的。其中，为了提高技能而加班的人最多。他们似乎觉得，如果自己不加班就很难成长，就无法去做更大的项目或胜任更重要的职务。

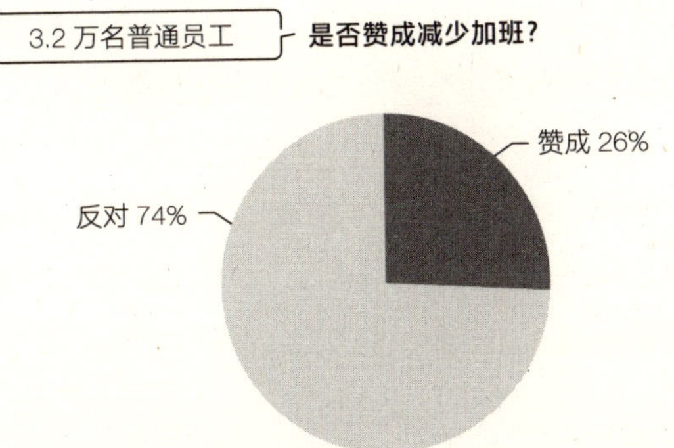

图 1-2　就“是否赞成减少加班时间”面向普通员工调查的结果

另外，我们还发现，随着员工对公司忠诚度的下降，有 73% 的员工希望提高技能，以便在公司或其他地方都能安身立命，这远远超出了我们的预想。

通过一系列的调查可知，减少加班这一工作方式改革会降低员工士气。长时间工作的现象不合理，但工作没做完就回家也不合理。另外，有“如果强行减少加班，就没有时间提高技能”这样的危机感的员工也比预想中的多。

与其强行减少工作时间，不如放弃不必要的工作，将节省出的时间用在提高技能或充实自我上。

日本已经提出工作方式改革 8 年多了，但我认为真正应该进行的其实是培养员工未来所需技能的学习方法改革。

67% 的普通员工感觉“加班多是上司的错”

在社交媒体上，员工对领导的抱怨随处可见。针对“加班过多，原因出在哪里”的提问，普通员工中有 67% 的人给出了“领导”这一答案（见图 1-3）。

在我看来，员工可以为了纾解压力而选择匿名抱怨。但靠抱怨就能提高工作效率吗？答案是否定的。

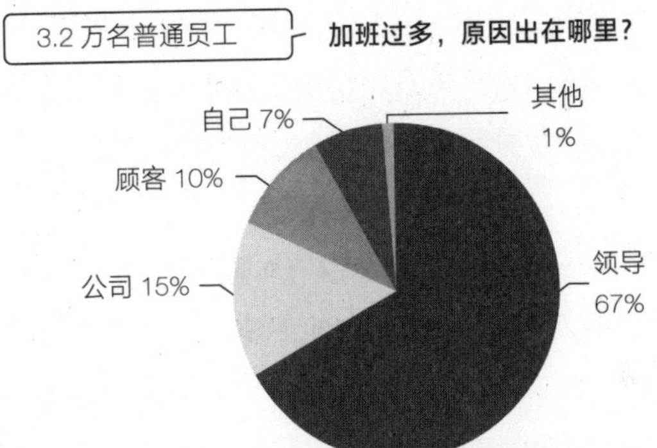

图 1-3　面向普通员工关于“加班过多，原因出在哪里”调查的结果

一方面，工作效率极高的 TOP5% 精英会把他们的精力放在自己可以掌控的地方。所以，他们认为抱怨领导是在浪费精力。

另一方面，公司的管理人员在远程办公中，为了管理“不在自己眼前工作的员工”和规避日本《劳动政策综合促进法》关于“职权骚扰”的惩罚，会对员工过度关注。正如《TOP5% 领导者的高效管理秘诀》一书所写的那样，如果领导和下属在交流时相互顾忌，就会大大降低工作效率。

从缩短工作时间的角度来看，顾忌过多并非好事。**在相互顾忌的人际关系中，员工往往无法充分发挥自身的价值，还会导致自己的业务处理能力下降。**

令人意外的是，在 TOP5% 精英中，内向的人很多。TOP5% 精英深知在与他人交流时顾虑过多会导致工作效率低下。他们会通过在开网络会议时先来一段闲聊、在走廊迎面碰上同事时寒暄或平易近人地与他人打招呼等方式来与他人建立关系。

而且，TOP5% 精英建立人际关系时并不局限于团队内部。他们会与其他部门的同事共进午餐，或以观察员的身份参加其他部门的例会。

另外，由调查可知，TOP5% 精英在说话时会让自己的嘴角上扬 15°，或增加自己点头表示认同的频率，这些行为都是为了缓解对方的紧张。这样，工作中的人际关系网就在平时轻松愉快的交流中逐渐建立起来了。

公司中能与自己轻松交流的人越多，在工作中向别人求助时的门槛就越低。这些行为就是 TOP5% 精英的人脉累积技巧，他们能使偶然的相遇变成必然，随时随地积累人脉以备不时之需。

53% 的普通员工认为“提高效率比追求效果更重要”

在回答“推进工作时，效率和效果哪个优先”的问题时，普通员工中有 53% 的人选择了“效率”（见图 1-4）。这就是说，超过半数的人都以提高工作效率为目标。

一方面，随着时代的发展，员工的工作压力与日俱增。另一方面，下属即便让领导知道自己辛苦工作到深夜，也得不到好评，所以越来越多的人开始减少加班时间，转而从高效完成工作中寻找自身价值。

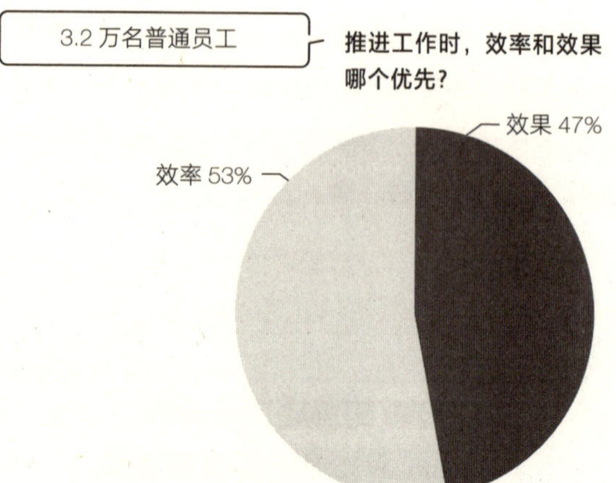

图 1-4　面向普通员工关于“推进工作时，效率和效果哪个优先”调查的结果

但是，只追求工作效率而不追求工作成果实乃本末倒置。**高效地完成那些不必要的工作不会带来任何成果。**另外，如果对重要的工作不投入足够多的精力，只是轻率应付，不仅达不到预期的效果，还会越走越远。

TOP5% 精英对“效率”一词提出了疑问，他们表示“并不是任何事情都可以在短时间内完成”。他们中回答“更重视效率”的人竟然只有 21%（见图 1-5）。当被问及理由时，答案中的高频词是“目的”“达成”和“白搭”。根据 AI 分析（文本挖掘）的结果，“目的”和“达成”的出现频率几乎相同，而“白搭”多表示否定。也就是说，大多数 TOP5% 精英认为，工作目的必须明确，如果没有明确工作应该达成的目标，就算注重效率也是白搭。

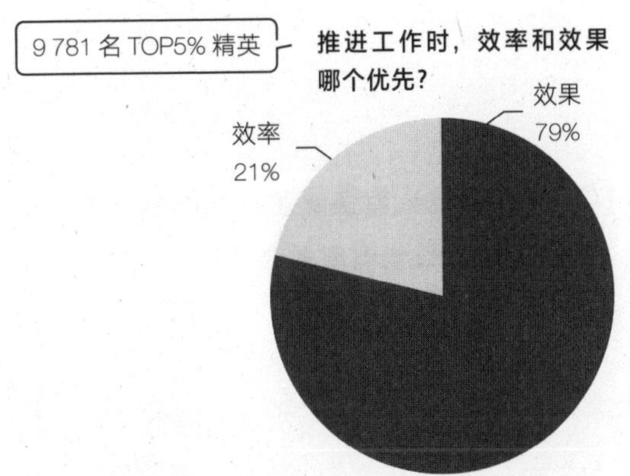

图 1-5　面向 TOP5% 精英关于“推进工作时，效率与效果哪个优先”调查的结果

这就好比一个人在爬山时只想快点儿往上爬，没看清山顶位置就直接在山道上狂奔，那么他大概率是爬不到山顶的。

TOP5% 精英认为只注重效率有风险。他们工作启动快，业务执行能力强，也深刻理解没有明确目标的危险性。说到底，他们认为高效的工作方法不过是出成果的一种手段，而非目的。

TOP5% 精英的这种想法，也反映在个人活动中。比如，他们在读有关工作技巧的书时，会直接跳过与出成果无关的内容。

TOP5% 精英认为提高工作效率是一种手段，如果把它当作目的，就会丢失原有的目标，陷入永远抵达不了山顶的恶性循环。

45% 的普通员工相信“努力就会出成果”

至今仍有很多职场人士这样认为：努力是一种美德，不努力就能获得成功的人是投机取巧。

在以 17 万名职场人士为对象的调查中，持“努力没有回报”“有些人并没有努力”等观点的人有很多。有 40% 以上的员工认为自己明明很努力却得不到好评，从而对公司的人事评价制度持否定态度。

成果主义在长期实践中获得了广泛认可并将持续占据重要位置。欧美公司采用的岗位评价制度逐渐渗透在日本企业中。在追求“结果比过程重要，成果比能力重要”的公司环境中，努力的人比过去更难获得认可也是不争的事实。

一心一意地朝着目标努力并没有错，**但错误的努力理应得到负面评价。**

很多员工在没有产出工作成果时，会依靠自身努力来打动领导。我们对 3.2 万名普通员工做了相关调查，询问他们在工作遇到瓶颈时的解决方案，令人感到震惊的是，结果有将近半数的人回答“靠自身努力”（见图 1-6）。

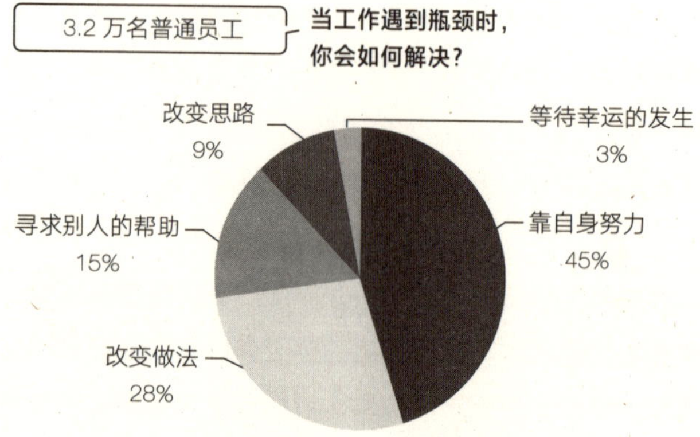

图 1-6　面向普通员工关于“当工作遇到瓶颈时，你会如何解决”调查的结果

在日本经济的高速增长期，如果员工能通过熬夜加班展示自己的努力，表现自己对公司的忠诚，那么或许还能博取周围同事的同情，获得好评。但现在，能在有限的时间里做出成果的人才会受到好评，一味地宣扬自己努力反而意味着没有成果产出。

另外，人往往在年轻时，才有毅力在工作进展不顺利时用努力来解决问题。与时间一样，年轻的资本也是有限的，一直把努力和拼体力作为解决方案是难以为继的。

我也有过这样的经历，就是在自己缺乏技能时减少睡眠时间，努力靠体力优势来完成工作，结果患上了精神疾病。

TOP5% 精英质疑："努力在表面上是一种积极行为，但它有没有被过度美化？"他们提出的这一问题让我大受震撼。他们即使通过努力克服了困难，但只要一想到"需要一直维持这种努力的状态"就无法忍受。反过来想想，如果不努力也能做好工作该有多好。关于这部分内容，我会在本书第 4 章详细介绍。

在一个人体力不够或不想努力奋斗的情况下，建立机制化和自动化工作流程尤为重要。如果只想通过努力来解决问题，那么就很难建立看似烦琐的机制化和自动化工作流程。

希望大家能以本书为契机，从靠体力决胜负的工作方式中摆脱出来，建立起用最小的努力就能完成工作的机制。

AI 分析でわかった

トップ5%

社員の時間術

第 2 章

只要不错就去做，普通员工时间管理的 5 个误区

TOP5% 精英		普通员工
展示工作进展不顺的情况。		只在工作进展顺利时展示。
注重沟通技巧。		追求技能提升。
会放弃不出成果的工作。		注重加快工作速度。
认为收集信息不重要。		认为收集信息是取得成果的关键。
对别人认为“理所当然”的事心存疑问。		带有确证偏见和观察者偏见。

误区 1：沿袭成功的模式就能出成果

我在过去的调查中发现，中层管理人员在工作时往往很痛苦。他们为了不让下属加班，自己常会代替下属工作，这反而延长了他们自己的工作时间。

疫情期间，远程办公的工作模式盛行。远程管理下属也让领导者大伤脑筋。

在我们调查的 761 家公司中，有 728 家都采用了人事评价制度：员工只要表现出色并获得好评，就可以晋升为管理人员。这种人事评价制度的前提是管理人员要拥有与员工相同的特质。但是，事实并非如此。团队需要实现个人无法完成的大目标，因此中层管理人员要在工作中达到“1+1=2”的效果。而董事对他们的要求则更高。例如，董事会要求中层管理人员在不让员工加班的情况下，持续产出更多的工作成果。因此，即使是在远程办公时，中层管理人员也必须团结团队成员，达到“1+1=3”，甚至“1+1=5”的效果，这就是他们目前面临的困境。

但是，中层管理人员大都没有学过该如何解决这类难题。特别是如今日本三四十岁的中层管理人员，他们大多刚成为领导者就经历了就业冰河期和雷曼事件①。与其他年龄段的管理者相比，他们受到的培训更少。

根据日本产劳综合研究所②对教育培训经费实际情

---

① 雷曼事件是指 2008 年，美国第四大投资银行雷曼兄弟公司破产，引发世界性金融危机的事件。——译者注

② 日本产劳综合研究所是以人事劳务、医疗护理经营领域的出版为中心，并在该领域开展调查研究和提供建议的智库公司。——译者注

况的调查及内阁府[①]的景气动向指数[②]，公司在员工身上投入的培训经费往往和经济动向挂钩。

日本在 1990 年至 1991 年处于泡沫经济期，大多数公司每年在每位员工身上投入的培训经费尚有 4 万日元左右。到了 1995 年的就业冰河期，培训经费下降到了约 3 万日元。这种低迷的情况一直持续到 2004 年。2005 年到 2008 年，培训经费的数额才终于又回升到了 4 万日元的水平。但是，在 2008 年的雷曼事件发生后，大部分公司的培训经费就再也没有超过 4 万日元了。

现在的中层管理人员在成为领导者后就因经济下行而未曾接受过相应的领导能力培训。而在 2005 至 2008 年，他们都还不是管理人员，所以没机会在经济

① 内阁府是日本为了强化内阁的功能而设置的比各省更高一级的行政机关。——译者注

② 景气动向指数是指通过对生产、雇佣等各种经济活动中重要且能够灵敏反映经济指标动向的数据进行整合，计算而得的有助于掌握经济现状和预测未来的指标。——译者注

发展时接受足够充分的领导能力培训。因此，他们现在大多沿袭自己过去摸索出的管理经验来管理员工。

10 ～ 20 年前，一个公司所面临的经济问题还没有现在这么复杂，只要确立了成功的管理模式，并沿袭下来，就能取得一定的成果。在那个时代，中层管理人员只要照着领导教授的内容实施管理即可。但是现在这种做法行不通了，所以他们必须反思自己过去的领导方式并做出改变。

举例来说，为了在远程办公时实现员工工作内容的可视化，实施精细化管理，很多公司都引入了 IT 工具。

虽然日本有 39% 的公司增加了写日报和周报的工作内容，但对于员工而言，写日报和周报会降低其工作效率。经调查，多达 87% 的员工因为感到工作时间被浪费而讨厌写日报和周报。

然而，某些中层管理人员为了得到领导的关注，正在用写周报浪费下属的工作时间。

令人遗憾的是，我们对 617 家公司调查后发现，只注重经验而不注重方法的微观管理方法不利于团队持续产出工作成果。因此，我们必须摒弃这种传统的管理方法。

TOP5% 精英贯彻的不是业务的“可视化”，而是业务的“展示化”。为了防止评价下滑，近 70% 的普通员工在工作进展不顺利时不会表现出来，而 TOP5% 精英在工作进展不顺利时却会如实上报。他们会向领导和同事展示自己的年度和月度目标，并公开自己的工作进度。

TOP5% 精英明白，有些复杂的问题是一个人无法解决的，所以 TOP5% 精英会将工作进展不顺的情况展示出来，以带动周围人参与解决问题。另外，他们认为达成目标是最重要的，所以，展示工作进展情况只是他们达成目标的重要手段。

在普通员工追求的技能中，70% 以上都与 IT、财务规划等有关。而 TOP5% 精英却倾向于掌握沟通技巧以获得他人的帮助。

在这个瞬息万变的时代，领导者需要更迅速地应对各类突发状况并持续产出工作成果。领导者需要通过更智慧化的管理来实现工作目标，而不是把管理本身当作目的。

误区 2：缩短工作时长就是高效的表现

每个人对工作效率的理解是不同的。很多职场人士都想缩短撰写会议资料和报告书的时间。从定量的角度来看，如果能在 8 小时内完成原本需耗时 10 小时才能完成的工作，那就称得上是高效了。但是，TOP5% 精英有不同观点。

TOP5% 精英深知，人若是沉浸在工作的充实感中，就容易丧失目标，所以盲目缩短工作时间毫无意义。因为，如果不搞清楚“工作效率”这个词本身的含义，人们就会陷入既耗费时间，又不能取得成果的困境。

TOP5% 精英将“明确目的后再开始工作”奉为铁律。他们会先确认工作的必要性，在确定基本工作流程后再开始工作。

我们就“什么时候工作效率最高？”这一问题，对 TOP5% 精英进行了采访。得到的回答是“停止那些不出成果的工作时效率最高”。的确，如果一项工作本就不需要做，即便你付出努力去做，也得不到任何结果。

TOP5% 精英采取的是低风险低回报战术，所以他们会孜孜不倦地累积工作成果。从效率的角度来看，他们会停止做不出成果的工作，会把精力放在能够推动目标快速达成的工作上。

那么，怎样才能辨识哪些工作是不出成果的，以及如何缩短这部分工作的处理时间呢？67% 的普通员工给出的回答令人愕然，他们认为这两种能力来自先天的知觉，无法在后天习得。

知觉和感觉的确难以重现。但是，普通员工无法辨识哪些工作可以出成果，并不是因为能力的欠缺，而是因为他们不知道辨别方法。例如，员工在工作时并不知道开展会议、撰写会议资料、处理邮件和聊天等工作是否会取得成果。而 TOP5% 精英会通过每周一次 15 分钟的内省来确认这些工作是否能取得成果。通过这种确认，他们就不会在不出成果的工作上花费过多时间和精力了。

例如，对于一些为了维护团队合作不得不出席的会议，TOP5% 精英会在不妨碍他人的情况下，一边做其他重要工作一边参会。他们会在工作时区分主（重要的工作）次（效率低下的会议），实行多任务管理。

养成内省的习惯，可以甄别某项工作是否能够产出成果，进而在工作时变得张弛有度。这个方法非常容易做到。你可以利用它来回顾一下，自己之前是否在不出成果的工作上耗费了大量时间。

误区 3：将收集信息视为取得成果的关键

如果在目标不明确的情况下盲目行动，那么工作时间肯定不够用。你可能有以下经历：原本为了学习，在图书馆打开了电脑，可刚刚刷完社交软件就发现已经日暮西山；原本为了积累和工作有关的信息保存了很多网上的报道，结果却没再看过……学习和收集信息都是手段，如果不确定收集的目的、内容和期限，就会满足于过程本身，导致最终无法达成目标。

很多人的信息意识很强，一天到晚都在埋头收集信息。在以 285 家公司、约 1.2 万名员工为对象的调查中，67% 的人面对“成果与信息之间的关系是怎样的？”这一问题时，会回答“为了取得成果，收集信息很重要”。但当我们把同样的问题抛给 TOP5% 精英时，这样回答的人却只有 23%。

TOP5% 精英认为收集信息不重要，是因为如果一味追求新信息，那么就需要通过不断检索来更新信息，从而耗费大量时间。另外，网络检索到的信息是所有人都能看到的，不具有稀缺性。替别人检索信息并不能彰显你的价值，只会耗费你的工作时间，不能帮助你走出加班泥沼。

收集信息只是一种工作手段。**为了高效地完成工作，我们只需要收集最基础的信息，并将从中分析出的结论活用到自己的工作中。**

误区 4：记住快捷键能减少工作时间

使用快捷键便于迅速操作电脑。使用快捷键能比使用鼠标节省一两个步骤，提高工作效率。复制（Ctrl+C）和粘贴（Ctrl+V）等是员工常用的快捷键。

快捷键只是一种工作手段。例如，我在写稿时经常用到的 Word 就有 200 多个快捷键，而 Outlook 和

PowerPoint 中分别约有 150 个和 140 个快捷键。在工作中，大多数快捷键都用不到，所以全部记住它们只是在浪费时间。

以“记住快捷键，一年少工作 30 小时”等为标题的报道屡见不鲜，但那只是文章作者的个人成绩，大家不一定也能收获同样的效果。也许有人会想：“那你的这本书不也一样！”但本书介绍的都是已被普通员工检验过的方法。由于外界环境和个人能力等条件的不同，我们无法保证你在使用本书中提到的秘诀时可以取得与 TOP5% 精英完全相同的效果。我希望大家把本书中介绍的秘诀付诸实施，并将其转化成对自己有效的方法。

以快捷键为例，大家不必记住全部的快捷键，只需要试着记几个对自己工作有帮助的即可，等有效果了再坚持使用。大家最好能通过这种尝试，总结出适合自己的快捷键一览表。希望大家在阅读有关快捷键的文章或书籍时，尽量不要相信那些只是汇总信息而不具有普适性的内容。

另外，日本的一项以 45 494 人为对象的行动实验表明，要想缩短工作时间，与其去记大量的快捷键，不如熟练掌握辞典收录功能。因为在使用日语时有“将输入的平假名转换成日文汉字”这道工序，所以只要这一步顺畅，就能大幅减少工作时间。

举例来说，在录入日语时，最新的关键词和专业术语不会包含在输入法的候选词转换列表中。所以，若不使用辞典收录功能，录入关键词至少需要 5 个步骤：①拉动候选词转换列表中的滚动条寻找日文汉字候选词；②若没有找到，就需要在网上检索；③复制在网上找到的词；④粘贴到 Word 文档中；⑤将粘贴后的文字调成与其他文字一致的格式。

正是因为上述步骤非常复杂，才需要将候选词转换列表中没有的日文汉字或常用日文汉字收录到输入法内的辞典中。如果要在 Windows 电脑中使用这一功能输入日语，只需复制指定文字，并在辞典收录功能中录入日文汉字的读音即可。如果用智能手机，则只需在设置中打开“用户辞典”，分别录入日文汉字和读音即可。

这样就能把上文列出的 5 个步骤合并为一步了。

辞典收录功能不仅能够收录单词，还可以收录文章等其他信息。只需把家族住址、公司地址、公司电话号码乃至航空公司的会员编号等信息录入辞典，在打字时，这些信息就能瞬间被提取出来。

辞典收录功能的效果在反复的实验中得到了证实。如果养成了将难以输入的日文汉字和容易忘记的信息录入辞典的习惯，就能比拼命记快捷键节省更多工作时间。

误区 5：以过去的经验和现有的知识为依据

有些人会因为臆想而中止行动。最近，越来越多的人把这种现象称作“心存偏见”。偏见，指的是先入为主的观念，它往往会导致一个人的想法和判断存在偏颇。

我们有时会被过去的经验和已有的知识牵着鼻子走，产生一些自以为是的想法。例如，只看到别人的缺点，却对别人的优点熟视无睹而产生观察者偏见[①]；只收集对自己有利的信息或支持自己成见的依据，却不去寻找其他信息而产生确证偏见。

在居家办公刚开始时，很多职场人士产生了一连串的困扰，比如很难在家中营造出良好的工作环境，很难在工作和生活的转换中做到游刃有余等。

其中，感到最困扰的人当属管理者。因为很多管理者既没有远程管理下属的经验，也不擅长使用在线沟通工具。另外，那些凭借努力和忍耐深受好评并成为管理者的人，从心底里无法认同穿着便服在家办公

① 观察者偏见是指，由于观察者个人的动机和预期导致的错误。通常人们看到和听见的只是他们所预期的，而不是事实的本来面目。观察者偏见的作用就像一个过滤器，一些被视为重要的事情可以获得关注，另外一些被视为无关紧要的事情则被忽略。在心理学实验中，当研究者带着固有的经验进行观察时，常常会选择性地注意那些能够证实自己期望的证据。——译者注

的工作模式。

这样一来，抱有观察者偏见和确证偏见的管理者就会对下属的工作吹毛求疵。他们偶尔联系不上居家办公的下属，就认定下属是在偷懒，并对这位下属进行重点关注，甚至督促其到公司上班。殊不知，即便下属来了公司，管理者也不能随时联系到下属；即便下属西装笔挺，也会有放松的时候，但管理者对这些都熟视无睹。

因为偏见而无法做出正确判断的，不只有管理者。“只要认真努力就能得到肯定”“只要领导看到你兢兢业业，总有一天会认可你”“我无法接受那个人明明不擅长汇报工作，为什么还备受好评”……这些想法中也存在确证偏见和观察者偏见。

TOP5% 精英为了避免受偏见影响做出错误判断，会勇于质疑在别人看来理所当然的事。他们敢于对大多数人看起来理所当然的学习方法、公司理所当然要求员工撰写的会议纪要等任务心存疑问。质疑公司内部的“常识”、参与公司内部业务改善项目的 TOP5%

精英非常多。TOP5% 精英有 3 种避免受偏见影响的方法：

方法 1：增加与外部的接触。TOP5% 精英在公司外聘请顾问参谋的比例是普通员工的 6 倍以上。他们中参加公司外其他组织活动的人数比例是普通员工的 4 倍以上，例如，他们会参加非营利性的慈善活动、读书会或跑步俱乐部。

方法 2：充分利用内省时间。TOP5% 精英有每周内省 15 分钟的习惯。他们会在内省中回顾一周的工作时长以及产出的成果。他们这样做不仅能找出不出成果的工作，还能反思自己之前决定要做这些工作的原因。他们通过追踪这些原因，总结出自己在工作前抱有的偏见。他们会有意设置一个用于内省的思考时间，这有助于他们发现偏见。

方法 3：培养批判性思维。所谓批判性思维，是指不依赖经验直觉，通过引入客观数据或第三方视角来排除自己主观臆断的思维方式。在向他人传达信息时，如果你能从客观的角度出发，说明自己在深思熟虑后得出的结论，就能增强对方的认同感，从而让对方更容易参与到你的工作中来。

TOP5% 精英表示：“持有批判性思维就能提前预设有待解决的问题。”据说，他们在做会议展示前往往会先提出类似“这样的解释能说服对方吗？”“这份资料是否是根据自己的主观臆断制作的？”等问题，然后准备答案。TOP5% 精英能在会议或说明会上对答如流，就是因为他们会运用批判性思维来预设问答。

TOP5% 精英的时间管理秘诀

AI分析でわかった
トップ5%
社員の時間術

避免受偏见影响的 3 种方法

方法 1： 增加与外部的接触。

方法 2： 充分利用内省时间。

方法 3： 培养批判性思维。

为了推广 TOP5% 精英的经验，我们在 39 家公司中开展了行动实验。在避免受偏见影响的 3 种方法中，我们以实验起来相对容易的“每周 15 分钟内省”为例，对 8 万人进行了为期 5 周的实验。我们让这 8 万人在每周五留出 15 分钟的内省时间，对他们最近一周的工作内容、工作时间以及取得的成果进行回顾。

越来越多的参与者意识到，许多原本计划好的工作并没有让他们取得相应的成果。

他们发现，如果把“为了开会而开会”“为了自我满足而制作复杂图表”等浪费时间的行为平均到每周，这些行为所耗费的时间竟然占到了每周工作时间的 11%。

这一数据有助于他们放弃这些工作。超过 80% 的实验参与者表示“想要继续保持内省的习惯”。可见，回顾工作可以有效地消除偏见。

我们无法杜绝因过去的经验而产生的偏见，但是，如果我们能学习避免受偏见影响的方法，就能降低做出错误判断的概率。

TOP5% 精英
与众不同的个人选择

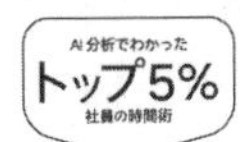

不耗费太多精力学英语

TOP5% 精英能够持续产出工作成果。一方面是因为他们具有高度的学习热情，另一方面也因为他们能切实掌握各类必备技能，从而应对各类工作。

但是，我们在调查中发现，学习英语的 TOP5% 精英很少。虽然不少 TOP5% 精英也有在海外成长、留学或任职的经历，但他们中有海外经历的人数比例与普通员工基本持平。通过这些数据可以看出，仅仅会说英语并不能成为 TOP5% 精英。

我学过中文这门外语，所以对这个调查结果很感兴趣，就试着对 TOP5% 精英不学英语的原因做了追踪调查。结果发现，TOP5% 精英不学英语的原因主要有以下两点。

第一个原因是打消幻想。TOP5% 精英不会把用英语工作当作目的，而是将其作为持续取得成果的手段。因此，他们不会幻想只要自己 TOEIC① 考试考得好就能在外资企业中大展宏图。

另外，有 TOP5% 精英表示："不会说英语并非因为语言能力差，而是因为不好意思说，或对说英语心存抵触。"他们认为如果要消除这种抵触心理，与其学习 TOEIC，不如加强与亚洲人的英语交流。TOP5% 精英认为，与英语母语者对话容易使自己产生较大的抵触情绪，所以他们会多与以英语为第二语言并在菲律宾、新加坡以及中国香港地区就职的亚洲人共进午餐。这样不仅可以帮助他们降低心理障碍，还可以让他们在表达自己想法的过程中提高自我肯定感。

TOP5% 精英认为，学习的本质是应对变化。他们的理念是"习惯胜于学习"。他们除了会用学习来输入

① TOEIC 即国际交流英语考试（托业），是为在国际工作环境中使用英语交流的人群制定的英语能力测评考试。——译者注

知识，还意识到了养成习惯、运用和输出知识的重要性，并将输出作为目标。

第二个原因是，他们相信未来自动翻译技术会得到蓬勃发展。TOP5% 精英很了解科技趋势，他们通过读书等方式学习今后可能有用的信息，以避免因决策错误而浪费时间。就像现在学打算盘的人比以前大幅减少，他们也坚持不学将来会被科技取代的技能。

自动翻译技术日新月异。近几年，市场上还出现了很多能为线上会议提供自动翻译的服务。此外，我也感觉到自动翻译软件的精度在不断提高。TOP5% 精英认为，AI 运用语言的能力将会突飞猛进。虽然英语翻译工作不会立刻被 AI 取代，但 TOP5% 精英会思考这项技能是否值得花费大量时间去学习。他们思考后做出的判断是“现在可以不学”。

缩短外语学习的时间可以让 TOP5% 精英把精力放在提高写作能力上。随着商务用语的日趋标准化，他们开始学习在写作中用短句来准确传达信息。学习用短句取代长句可以让他们在准确传达句意的同时不浪费对方的时间。另外，他们还认为，如果无法用母语进行逻辑清晰的表达，即便有英语傍身，也无法把信息准确地传达给外国人。

虽然我们无法准确地预测未来，但能够肯定，类似计算机取代算盘、汽车取代马车的变化必将实现。我们虽然不知道这种变化会在何时突然来临，但可以预见它们总会到来。TOP5% 精英预见到这样的未来，在思考现在应该做什么后才采取行动。

AI分析でわかった

トップ5%

社員の時間術

第3章

不为普通员工所知，TOP5%精英独特的时间管理技巧

TOP5% 精英		普通员工
中午少吃午饭闭目养神。		中午吃午饭。
通过叹气来获得身心安定。		对叹气有消极印象。
设置用来中断工作的时间节点。		在工作进展顺利时延长工作时间。
采取以对方为主角的结论式沟通。		采取以自己为主角的信息式沟通。
会管理委托他人的工作。		只把自己负责的工作看作任务管理。
桌上放一个只能盛一两口水的小纸杯。		桌上放一杯 500 ml 以上的饮料。
为了办公购买键盘和麦克风。		为了办公购买网络摄像头和坐垫。

控制午饭的能量摄取

我们对员工上班时的行为进行了分析，结果发现在 TOP5% 精英中有 17.2% 的人不吃午饭，而普通员工中仅有 1.8% 的人不吃午饭。相较之下，不吃午饭的人在 TOP5% 精英中的占比比在普通员工中的占比高出近 10 倍。

为什么多名 TOP5% 精英不吃午饭？我疑惑不解，并进行了追踪调查。结果发现，他们并非将午饭时间用来埋头工作，而是通过午间小憩和分散补充能量的方式来平衡工作与休息。

TOP5% 精英会保证自己有充足的夜间睡眠，所以当被问及为什么还要午睡时，他们的回答基本都是“为下午的‘决战’储备体力”。大多数员工上午只需工作 3 个小时，而下午则需工作近 5 个小时，因而很难在下午集中精力持续工作。所以他们说：“要利用午餐时间，在别人看不到的地方闭目养神。”

另外，如果在午后睡意绵绵的状态下开展工作，势必会影响工作效率，因而很多 TOP5% 精英会选择在午睡前喝一杯咖啡。因为咖啡因在进入人体半小时后才能发挥提神醒脑的作用，所以午睡前喝点儿咖啡可以让他们在醒来后立刻开展工作。

我曾以为不吃午饭会影响工作效率，但午餐中往往含有大量碳水化合物与糖分，人们在饭后有时会因为能量过剩而昏昏欲睡。想在下午的工作中一鼓作气的 TOP5% 精英认为，瞌睡是工作的敌人。所以，他们会通过在一天中分批少量补充能量的方式来控制血糖，防止瞌睡。

TOP5% 精英有时也会和同事或领导共进午餐。为了控制能量的摄取，他们会选择吃小份白米饭或其他糖分和脂肪含量较少的食物。**TOP5% 精英吃午餐不是为了进食本身，而是为了与同伴交流感情。**他们会在达到这个目的的同时，摄取少量食物，防止下午瞌睡。

倘若在工作时有睡意来袭，他们会站起来做伸展运动，以促进血液循环，或者喝点冰水、吃点薄荷糖来让自己精神焕发。也有人会通过吃巧克力或软糖，来防止低血糖。

另外，部分 TOP5% 精英认为，饿着肚子更容易进入战斗模式，稍微有点饿的状态刚刚好。甚至还有人提出，狮子也是因为腹中饥饿才行动敏捷。

我终于明白为什么 TOP5% 精英会说“下午是决定胜负的关键”了。

发挥“叹气”的积极作用

TOP5% 精英在独自工作时会经常叹气。他们并不避讳叹气，而是正大光明地大口叹气。甚至有些 TOP5% 精英会在开工前先长叹一声。

一直以来，叹气都给人一种消极印象，但喜欢叹气的人在 TOP5% 精英中的占比却比在普通员工中的占比高 2.2 倍。

我发现，TOP5% 精英喜欢叹气并不是受到消极情绪的影响。于是，我向呼吸科专家请教叹气会给身体带来哪些影响。专家表示，叹气是一种深度呼吸，可以促进大脑运转、舒缓神经。当然，如果把压力累积到不得不叹气的地步是不可取的；但是，如果能在工作中通过深呼吸来获得身心安定，那么叹气就是一种提高工作效率的有效方法。

TOP5% 精英为了尽早启动工作，都习惯在工作开始前做仪式性动作。**大口叹气也是一种仪式性动作，它可以帮助人在释放压力的同时吸入新鲜空气，进而集中精力工作。**因此，大家可以将叹气视作一种纾解压力和安定身心的仪式性动作，无须因叹气产生负罪感。

把低风险低回报当作目标

TOP5% 精英不以高回报为目标。他们认为，做高风险高回报的工作就像赌博一样，不会一直成功。所以，高回报在追求持续出成果的 TOP5% 精英眼中并没有吸引力。

TOP5% 精英会把低风险低回报当作目标。即便实现该目标的可能性很小，他们也要多行动；即便在实现目标的过程中失败了，他们也只把这当作一次小失败。而且，TOP5% 精英把“习惯失败”“保证 30% 的成功概率”“提高持续力比成功更重要”等准则看得很重。

TOP5% 精英的行为并无特别之处，他们只是做到了久久为功。

信息检索的时间不超过 5 分钟

我在第 2 章中提到过不能以检索信息为目的。在这里，我将会给大家介绍 TOP5% 精英检索信息的秘诀。

兼顾效率与效果的 TOP5% 精英会给所有工作设置截止时间。为了不浪费时间，他们会先分配好用于检索信息的工作时间，再进行检索。

TOP5% 精英在进行信息检索时，有明确的检索对象，他们会把检索的时间控制在 5 分钟左右。举个例子，用谷歌检索虽然可以获取大量信息，但同时也会受到许多无关信息的干扰。因为谷歌本就是一家为了激发用户购买欲而成立的广告公司，所以它会巧妙地把用户的视线吸引到广告上。

当然，我们在检索过程中有时也能得到一些意料之外的宝贵信息，但这不代表只要不停在网上检索就一定能挖掘出你需要的信息。

此外，我们还发现 TOP5% 精英习惯于把想要查询的内容全部罗列在笔记中，以便统一检索。因为重复检索虽然可以让人获得海量的信息，进而获得成就感，却会降低工作效率。因此，TOP5% 精英会在检索信息时设置截止时间，并规定每天用于检索的时间不得超过 5 分钟。这样一来，他们就能在短时间内获取信息了。

设置工作节点，抑制工作亢奋

通常情况下，一旦开始进行某项工作，人们的工作热情就会持续高涨。因为多巴胺会让人进入亢奋状态，使大脑不断发出“继续工作”的指令。这就是所谓的工作亢奋。

当人进入工作亢奋状态时，会因持续工作产生快感，从而导致工作时间的延长。此外，我们处于这种状态下判断力会有所下降，很容易丢失工作目标。

其实，TOP5% 精英都经历过工作亢奋导致的失败。所以，他们会在工作前设置节点，以此来帮助自己摆脱工作亢奋的状态。

或许有人认为，在工作进展顺利时停手会打断自己专注的状态，从而导致工作效率下降。但从行为心理学的角度来看，中断工作的做法是正确的。

心理学上有心理抗拒（psychological reactance）和蔡加尼克效应（zeigarnik effect）这两种说法。心理抗拒是指当人的行动受限时，会因反抗心理产生更想去做某事的冲动；蔡加尼克效应是指比起自己已经处理完毕的事情，人们更容易记住尚未处理完的事情。

TOP5% 精英巧妙地利用了这些心理学原理。他们认为，如果定下了某个用以中断工作的节点，当这个节点迫近时，心理抗拒就会发挥作用。“工作该告一段落”的想法在此时会让他们的工作处理速度提升。另外，如果在工作中休息，人就会因为蔡加尼克效应想要继续工作，所以在休息之后依然能够保持专注力。

很有必要通过设定工作时限来抑制工作亢奋。TOP5% 精英就是通过这种方式来保持专注力的。

创造内心余裕，避免精力浪费

如果一个人因工作太忙而没有私人时间，他的内心就不会再有余裕，工作效率也会随之下降。大家通常会认为，一个人如果能有时间余裕，内心就会变得从容。不过，TOP5% 精英的想法却恰恰相反，他们认为正是因为一个人的内心没有余裕，所以才会感到时间紧迫。

TOP5% 精英深知，人的时间、专注力和精力都很有限，所以他们不会随意浪费这 3 种有限资源。

我们在向 TOP5% 精英询问时间、专注力和精力之间的关系时，得到了这样的回答："人往往是因为内心没有余裕才浪费时间，不安和烦躁会导致专注力差，从而影响业务执行能力。"

TOP5% 精英认为，一个人如果只考虑负面影响，就会感到疲惫和烦躁，从而导致精力被浪费。

因此，TOP5% 精英在工作前会先调整好心态。他们认为，早上调整好自律神经，就能安度一天。调查显示，他们大多有在上班前调整心态的习惯。因此，他们不会早上一起床就看手机，也不会在早上看电视。

时间上的余裕不是内心从容的前提，只有先给内心创造余裕，才能避免精力上的浪费。这就是 TOP5% 精英提高专注力和工作效率的秘诀。

传递结论而非信息

沟通的目的在于与对方达成共识后，让对方按照自己的想法行动。如果在沟通时不平衡自己想要传递的内容和对方想要知道的内容，就无法驱使对方行动。

普通员工在沟通时往往会采取以自己为主角的信息式沟通方式，而 TOP5% 精英则会采取以对方为主角的结论式沟通方式。前者向对方传递的是信息，后者传递的是结论。

普通员工会努力通过传递信息来驱使对方行动。但 TOP5% 精英明白，对方需要的不是信息，而是结论。所以，他们会在收集基础信息后，凭借自己的独特见解来获取结论。**TOP5% 精英会将分散的信息联系起来，在找出它们之间的异同后，将信息转化成结论。**

TOP5% 精英明白对方并不想了解图表或者数字本身，而是他们从图表中推导出来的结论以及从数字中获得的结论。了解沟通对象意图的 TOP5% 精英会在收集信息时把获取结论当成工作目标。

能够展现洞察力的沟通者在工作中更容易获得成功。在对 2 314 名普通员工进行了类似实验后，结果有 57% 的人感受到了效果。

当普通员工以结论为目的收集信息时，他们会发现，简单检索信息无法帮助他们达成这一目的。因此，他们会通过传递结论的方式提高沟通效率，这也是我们在 49 家公司对年轻人进行培训时验证过的结果。

将影响力视为工作的重要工具

我们询问了普通员工和 TOP5% 精英对任务管理的看法，他们对于任务管理的理解显然存在差异。

普通员工认为，任务管理就是在规定期限内完成自己所负责的任务；而 TOP5% 精英则认为，思考是否应该接受工作也是任务管理的一部分。有的 TOP5% 精英在接受工作后，还会把自己要做的工作和委托别人做的工作分开管理。也就是说，TOP5% 精英认为，委托他人工作也属于任务管理的范畴。

普通员工和 TOP5% 精英都认为应在规定时间内完成任务，只是 TOP5% 精英认为，执行任务的人可以不只有自己。当然，他们也不是单方面把工作委托给别人，而是会向对方说明工作内容、工作意义和工作目的，并在征得对方同意后再分配工作。另外，他们在委托工作时常用到“我们”一词。

总的来说，工作大致可以分为两种模式：一种是凭借自己的努力独立解决问题的模式；另一种是在理解工作的复杂性后，动员他人来解决问题的模式。很显然，在这两种模式中，后者的成功概率更高。

动员他人参与工作需要高超的技巧。**TOP5% 精英**

会花大量时间来提高自己的沟通技巧，以便动员他人参与工作。因为，如果能掌握动员他人积极参与工作的方法，就能在更短的时间内解决更大的问题。比起埋头工作，TOP5% 精英更愿意建立能够缩短工作时间的机制。

一天只看两次待办任务列表

TOP5% 精英为了在规定期限内完成工作，会利用 Trello[①]、Microsoft Todo 等效率工具中的任务管理功能来确认任务及其截止时间。

为了进行更高效的工作任务管理，某些公司会要求所有成员都利用任务管理工具 App 来管理工作。但是，频繁查看任务管理工具也有可能会削弱干劲。因此，公

① Trello 是一款协作工作管理的软件，旨在跟踪团队项目、突出显示正在进行的任务、显示任务分配以及说明工作进度等。——译者注

司需要避免这种情况。

我们发现，TOP5% 精英查看任务列表的频率比普通员工低 37%。我们原以为他们为了在规定时间内完成工作，会反复确认待办任务列表。事实并非如此。**TOP5% 精英每天只会看两次任务列表，一次在工作过程中，另一次在完成任务后。**

我曾担心忘记待办任务会带来麻烦，所以每天会查看三四次任务列表。但自从我模仿 TOP5% 精英一天只看两次待办任务列表后，5 个月过去了，并没有出现任何问题，我才发现原来自己一直把时间浪费在无形的不安上了。

TOP5% 精英发现，查看待办任务列表的次数过多反而会降低自我认同感。因为如果总是盯着那些有截止期限的任务，会在精神上把自己逼入绝境，进而产生自我否定感，陷入自我厌恶的境地。所以，他们不会因为不安而反复查看待办任务列表。

如果能够不再频繁查看待办任务列表，就可以减少自我厌恶感，从而减轻不安的感觉。

使用只能盛一两口水的小纸杯

TOP5% 精英在公司时坐在工位上办公的时间极短。他们坐在办公桌前的时间比普通员工少一半以上，因为他们经常在各个部门间走动，主动与同事交谈。

因此，TOP5% 精英不会在自己的桌子上摆放饮料。他们可能会在办公室里的饮水机旁放一个只能盛一两口水的小纸杯。另外，我们还看过几张他们在居家办公时拍的照片，发现 TOP5% 精英的桌子上从不摆放超过 500ml 的饮料。他们在家里和在办公室一样，只在桌上的杯子里盛放一两口水。

大多数普通员工办公时都会在桌上放一杯 500 ml 以上的饮料，所以他们认为 TOP5% 精英的这种行为比较特别。

TOP5% 精英并非不补充水分，他们在家中办公时补水的频率很高，但他们不会把水放在桌子上。

我们对此深感奇怪，向 29 名 TOP5% 精英追问缘由，结果发现他们是故意为之的。他们担心如果在桌上放 500 ml 以上的饮料，就很难有起身的机会，这会令自己因工作亢奋而难以停止工作。因此，他们习惯在需要补充水分时站起身来去找水。

TOP5% 精英在办公时会经常起身活动，以此来提高工作效率。

以目的为导向，缓解工作压力

TOP5% 精英在居家办公时喜欢自己配置办公用

品。举个例子，他们会给笔记本电脑配置外部显示器，用双显示器来提高工作效率。我们发现除了外部显示器，普通员工往往会选择自费购买网络摄像头和坐垫，而 TOP5% 精英则更倾向于购买键盘和麦克风。

在《TOP5% 领导者的高效管理秘诀》一书中，我向大家介绍过 TOP5% 领导者喜欢投资麦克风，却很少在照相机上花钱。TOP5% 精英也一样，他们中的大部分人都会使用昂贵的麦克风。

令人感到意外的是，虽然他们使用很廉价的鼠标，但都选择用昂贵的键盘。因为笔记本电脑的键盘比较窄，不利于使用者在打字时形成正确、舒适的姿势，从而会影响工作效率。于是，TOP5% 精英会把笔记本电脑放在专用的电脑支架上，使用外接键盘打字。

TOP5% 精英会选择敲击声小、按键较大并且可以减少敲击失误的键盘。因为他们都熟知快捷键功能，所以只要键盘具备了基本功能，他们打字时就能更加轻松快捷了。

如果能对自己需要用到的快捷键了如指掌，就能减少鼠标的使用频率，自然也就不需要在鼠标上投资了。然而，普通员工更倾向于在居家办公时投资鼠标，例如，滚动式鼠标、有快捷键的鼠标等。

以目的为导向的 TOP5% 精英会有针对性地缓解工作压力，进而提高专注力和持续力。

用运动来提高专注力

TOP5% 精英在工作时会经常走动，不会一直待在同一个地方。据调查，TOP5% 精英中高达 23% 的人每天坚持走路，这一比例约为普通员工的 6 倍。

TOP5% 精英习惯在上班途中提前一站下车，然后步行前往公司。在远程办公时，他们大多也会保持走路习惯。甚至还有人在街头或健身房的跑步机上边走路边参加公司会议。

我曾经向精神科医生咨询过步行的作用，医生说，运动有助于提高人的注意力和记忆力。[①] 因为在人体移动的过程中，场所神经元细胞会开始工作，进而刺激大脑中负责注意力和记忆力的海马。因此，TOP5% 精英在工作时会到处走动。

TOP5% 精英
与众不同的个人选择

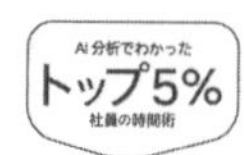

投资皮包和鞋子

人在情绪高涨时会更容易投入工作状态，因为心情愉悦能让人忘却烦恼，专注于工作。

①《运动改造大脑》是约翰·瑞迪的经典著作。该书通过上百项科学研究证实，运动不只能健身，还能锻炼大脑、改造心智、提高智商。该书的中文简体字版已由湛庐引进。——编者注

TOP5% 精英在工作时会让自己始终保持精神饱满的状态。他们为了让自己的情绪高涨，会选择搭配自己喜欢的皮包和鞋子。

如果要问 TOP5% 精英在居家办公时最喜欢的物品是什么，他们大多会回答“袜子和拖鞋”。因此，无论是在办公室里工作还是居家办公，只要想办法让自己在工作开始前保持好心情，他们就能愉悦地投入工作，从而缩短工作时间。

AI 分析でわかった

トップ5%

社員の時間術

第 4 章

弥合普通员工和 TOP5% 精英差距的“微型开关 ABC”

TOP5% 精英	普通员工
保持稳定的工作状态。	在情绪好时才士气高涨。
从目标倒推，确定必要的工作流程。	过于细致，反复确认、修正工作内容。
略提前完工，快速启动下一项工作。	赶最后期限完成，导致下一项工作的启动被延迟。
更频繁地休息。	持续工作。
每周进行 15 分钟的内省。	被工作追着跑，很难有时间审视过去的工作。

不做 3 类盲目工作的普通员工

在对约 2 万名职场人士进行调查并对调查结果进行 AI 数据分析后，我们查明了普通员工工作不出成果的原因，并总结出了以下 3 类工作认真却得不到好评的普通员工。

第一类：启动迟缓型（见图 4-1）。

- 工作启动迟缓，到最后关头才意识到工作无法按时完成。

- 遇到困难后才向周围人求助，常会给别人增添麻烦。
- 虽然在周围人的帮助下赶上了最后期限，但此时自己已精疲力竭，这又会导致下一项工作的启动被延迟。

第二类：过度谨慎型（见图 4-2）。

- 在工作时，查证过于细致。如果工作中途遇到问题，还会继续查证。
- 反复确认、修正信息，工作停滞不前。
- 一边烦恼一边工作，致使处理工作的速度下降。
- 为了赶上最后期限，对最后环节把关不到位，导致工作质量参差不齐。

第三类：虎头蛇尾型（见图 4-3）。

- 在情绪高涨时，快速启动工作。
- 随着工作的推进，士气会更加高涨，进而促进工作的推进。

- 中途体力和精力耗尽需要休息，而体力和精力的恢复耗费时间，致使工作进度变慢。
- 以缓慢的速度继续工作，最终没能在最后期限前完成工作。

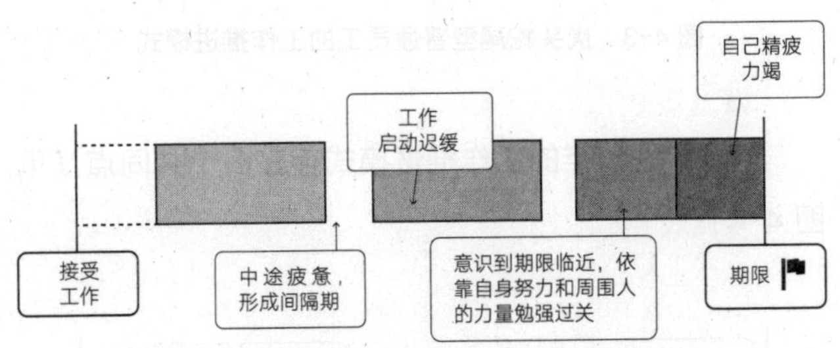

图 4-1　启动迟缓型普通员工的工作推进模式

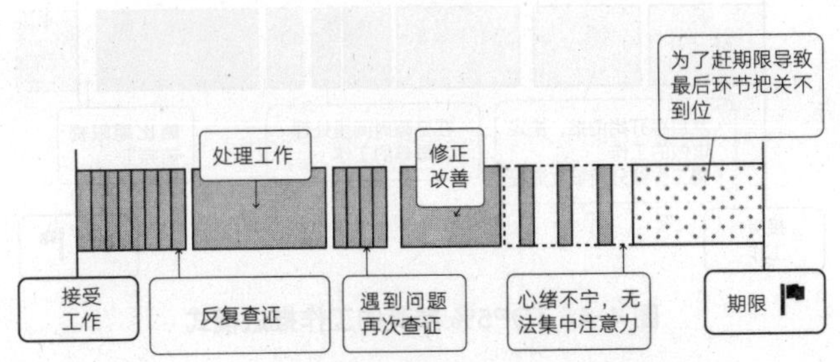

图 4-2　过度谨慎型普通员工的工作推进模式

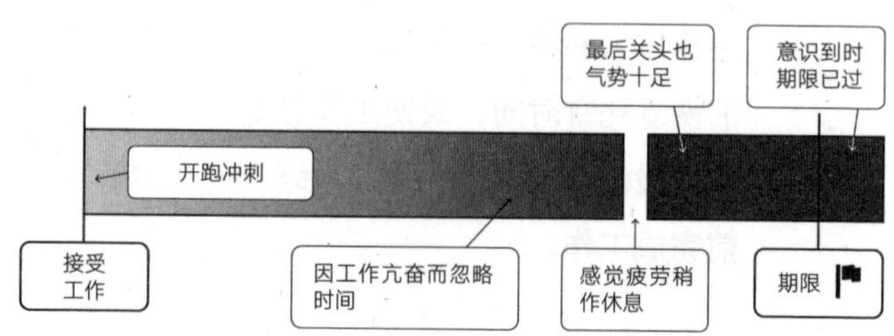

图 4-3　虎头蛇尾型普通员工的工作推进模式

TOP5% 精英的工作推进模式存在多个共同点（见图 4-4）。

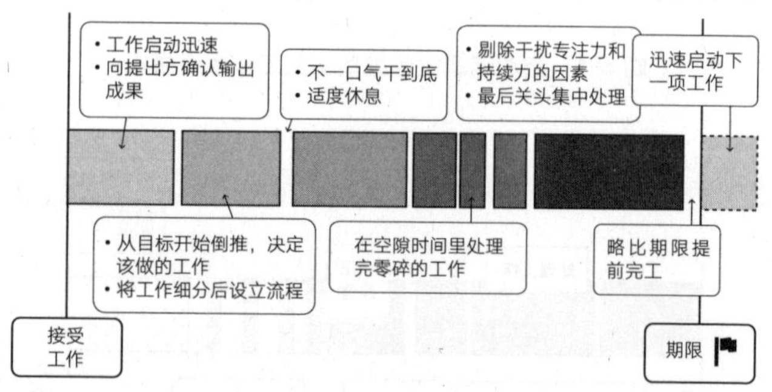

图 4-4　TOP5% 精英的工作推进模式

TOP5% 精英还往往具备以下 6 个特点。

1. 从接受工作到启动工作的速度很快。
2. 让自己的工作目标和对方（领导或顾客等）的需求保持一致。
3. 从目标倒推，确定最低限度的必要流程。
4. 将流程中的工作进行细分。
5. 不进行长时间的连续工作，会积极休息。
6. 略提前完工，快速启动下一项工作。

在探究如何做到这 6 点时，我们发现了触发行为的 3 个动作，后文会对此有详细描述。接下来，先让我们看看这 6 大行为特点的具体内容。

TOP5% 精英的 6 大时间管理特点

TOP5% 精英的前 4 个特点均与工作前的准备有关，后 2 个特点则与工作的过程有关。

特点 1：从接受工作到启动工作的速度很快。TOP5% 精英的工作的启动速度很快，他们会在接受工作后立刻开工。

特点 2：让自己的工作目标和对方（领导、顾客等）的需求保持一致。TOP5% 精英启动工作的速度虽然很快，但他们不会贸然动手，而是会先向对方明确自己需要达成的目标。因为 TOP5% 精英认为，如果自己与对方在工作目标上存在分歧，就需要另花时间修正工作，从而得不到好评。举个例子，如果对方想要的成果是一张设计图纸，那么 TOP5% 精英就会先向对方询问图纸的具体细节，等到确认后，再开始设计。

特点 3：从目标倒推，确定最低限度的必要流程。在与对方核对过自己需要达成的目标后，TOP5% 精英会从工作的截止期限倒推，确定最低限度的必要流程。他们会依据剩余时间制订工作计划。

特点 4：将流程中的工作进行细分。在明确工作流程后，他们会将工作分成若干部分（细分化），以便自己能够利用碎片时间进行处理。

特点 5：不进行长时间的连续工作，会积极休息。在明确了目标和流程之后，TOP5% 精英便会开始专注地工作，在短时间内高质量地完成任务。而且，为了保持专注，他们还会排除一切干扰因素，力求在既不焦虑又不烦躁的状态下延长专注时间。另外，为了能够长时间集中精力，TOP5% 精英会比普通员工更频繁地休息。

特点 6：略提前完工，快速启动下一项工作。TOP5% 精英不会赶着最后期限完工，而是会在最后期限到来之前给自己预留出少许检查时间，防止工作出现纰漏。如果在期限来临前耗尽了自己的体力和专注力，就会影响下一项工作的快速启动。

TOP5% 精英常有多项任务在身，但他们不会选择同时进行，而会一项一项地完成。这种方法乍看起来效率不高，但并非如此，因为他们在完成一项工作后切换的速度极快。正是这种切换速度让 TOP5% 精英始终能在截止期限到来前游刃有余地完成工作。

采用“微型开关 ABC”做好时间管理

普通员工要如何学习 TOP5% 精英的 6 大特点呢？我们的调查实验结果表明，只要采取 3 个动作，哪怕不是 TOP5% 精英也能缩短工作时间。这 3 个动作包括工作开始前的两个动作（见图 4-5 中的 A 和 B）和工作过程中的一个动作（见图 4-5 中的 C）。这些动作都很容易做到。

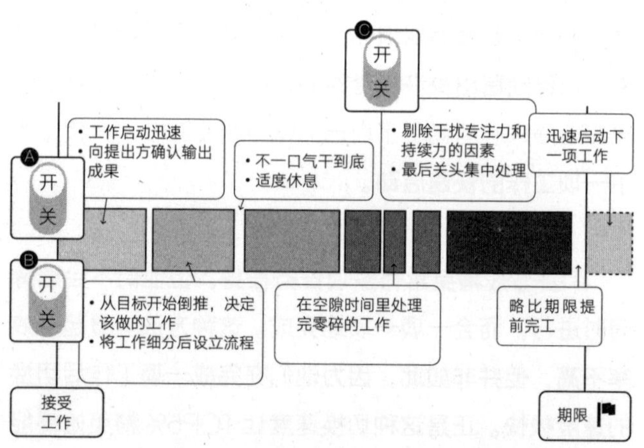

图 4-5 重现 TOP5% 精英工作推进模式的“微型开关 ABC”

实践 TOP5% 精英工作推进模式的动作开关有 3 个，我取这 3 个动作的英文词首字母，将这 3 个动作命名为“微型开关 ABC”。“微型开关 ABC”应该这样按：

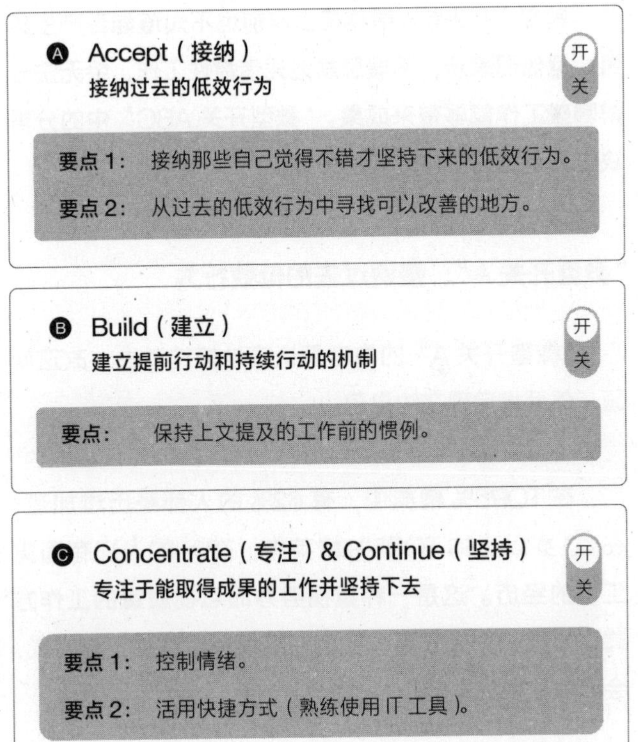

我们让 21 659 名普通员工以按“微型开关”的方式践行了这 3 个动作后，有 89% 的人表示工作时间确实缩短了。

其实，TOP5% 精英在工作前也不知道能否产生成果。但他们表示，不假思索地凭借惯性工作，会无法分辨哪些工作能够带来成果。“微型开关 ABC”中的分辨诀窍才是缩短工作时间的关键。

“微型开关 A”：接纳过去的低效行为

“微型开关 A”的内容是认真地接纳过去，改正问题，然后肯定现在的自己。

在 TOP5% 精英中，有 62% 的人都经历过加班。在 40 岁以上的 TOP5% 精英中，78% 的人还有通宵工作的经历。这是一种重视努力而忽视质量的工作方式。如果一个人在当今社会还继续采用这种工作方式，会无法取得成果。

TOP5% 精英会在接纳过去低效的工作方式后重新学习，并将学习成果运用到现在的工作方式中。这其中存在以下两个要点：

1. 接纳自己过去的低效行为。
2. 从过去的低效行为中寻找可以改善的地方。

这两个要点看起来简单，但接纳自己曾经的工作方式是低效的这个事实，会让人感到痛苦。

另外，即便你能够面对过去，否定自己的过去也会让你陷入自我厌恶，让你无法着手工作，从而影响你启动工作的速度。如果缺乏自信，你还会反复修正工作，导致处理工作的速度变慢。为了避免这种情况，我建议大家进行“每周 15 分钟的内省”。

TOP5% 精英都有内省的习惯，他们会在分析过去工作得失的基础上分辨必须做的工作。举个例子，倘若你精心制作的资料并没有带来相应的成果，那就无须再这么做了。另外，如果 TOP5% 精英遇到在规定期限内无法完成的工作，为了避免让委托工作的人感到不快，他们会巧妙地拒绝。他们就这样利用过去的工作经验分辨哪些工作不需要做。

倘若一个人每天被工作“追”着跑，就很难有时间审视自己过去的工作问题，也很难保持内心的从容。请大家尝试养成定期内省的习惯、接纳自己的过去、改正问题、肯定现在的自己吧。

“微型开关 B”：建立提前行动和持续行动的机制

如果你已经能够按下“微型开关 A”，接下来就该着手解决工作中的具体问题了。

TOP5% 精英会在“微型开关 B”中建立一种机制，以便自己提前启动工作。他们无法时刻保持精力充足，所以不论自己状况如何，他们都会想方设法保持稳定的工作状态。举例来说，他们会设法让大脑分泌有助于提高工作积极性的激素多巴胺，或定期运动，保持良好体格。

但是，即便做到这些，他们还是不放心，所以会建立一种简单可行的机制。这种机制能帮助他们在工作积极性不高、身体不适时开展工作。这就是工作前的惯例。

TOP5% 精英会在工作开始前依照惯例做一个简单的仪式性动作。他们仿佛在对自己暗示：只要完成了这些仪式性动作，就能立马开始工作。我们通过整理 TOP5% 精英的访谈视频和行动记录视频，发现他们一般会将以下行动作为惯例：

- 在给家中菜园里的花浇完水后就开始居家办公。
- 在家里一边闻着咖啡豆的香味一边冲完咖啡，随后就开始办公。
- 在公司附近的咖啡厅先喝一杯红茶再上班。
- 到公司后先把桌子收拾干净再打开电脑。
- 在面对自己不擅长的工作时，先说一句“总会有办法的”再开始动手。

TOP5% 精英的这些惯例与美国职业棒球大联盟的前选手铃木一郎的做法极为相似。铃木一郎为了提高击球率，会在击球前做一连串的仪式性动作。

TOP5% 精英身上最珍贵的不是他们获得的荣誉，而是在任何环境中都能够持续出成果的品质。为此，他们会为保证工作成果的质量而苦下功夫。这样做的结果就是他们将达成目标所需的行动量提升到 110% 甚至 120%。

为了多在工作中活动身体，TOP5% 精英建立了相应的惯例机制。这样的方法同样适用于其他员工。我们对 3 871 名普通员工进行了为期 4 周的行动实验，让他们自行选择工作开始前的惯例动作，并在做完惯例动作后立刻开始工作。

结果，68% 的实验参与者告诉我们，他们启动工作的速度比以前快了。**如果把触发工作的惯例变成一种习惯或机制，就能更快进入工作状态。**

“微型开关 C”：集中精神持续工作

TOP5% 精英认为，专注是达成目标的必要因素，所以他们会在完成重要任务时格外专注。

但是，人的时间、专注力和精力毕竟有限。TOP5% 精英为了在工作中持续利用这些有限的资源，会把“控制情绪”和“活用快捷方式”两个方法贯彻到底。

以下两项就是“微型开关 C”的关键：

1. 控制情绪。
2. 活用快捷方式（熟练使用 IT 工具）。

如果说“微型开关 A”可以让人分清什么是重要的工作，“微型开关 B”可以让人马上着手工作，那么其余要做的就是缩短处理重要工作的时间并在规定期限内把它完成了。

“微型开关 C”起到润滑油般的作用，可以让我们更容易打开“微型开关 A”和“微型开关 B”。接下来，让我们来看一下“微型开关 C”的具体内容吧。

控制情绪。工作的持续性非常重要。因此，我们要尽量摒除烦躁和苦闷情绪。烦躁不安会消耗人的精力，进而妨碍到重要的工作。因为我们无法一直保持昂扬的工作态度，所以只有控制好焦虑烦躁等不快的情绪，才能坚持完成工作。

活用快捷方式。活用快捷方式有助于提高员工的业务执行能力，其关键在于熟练运用 IT 工具。

为此，我们可以首先考虑将工作自动化。如果有些工作需要使用电脑或手机重复操作才能完成，就可以用 IT 工具将它们自动化。这不像使用 RPA① 和 AI 技术那么难，只需要使用快捷键就能完成。

---

① RPA 是指在各行业中使用软件自动化来实现原本由人类操作计算机所完成的操作的技术。——编者注

虽然越来越多的公司开始引入 Zoom 和 Slack[①] 等 IT 工具，但很少有公司能把它们应用得得心应手。我们对 485 家公司进行了相关调查，发现只有 21% 的职场人士能充分利用 IT 工具。我们虽然没有必要熟练掌握 IT 工具的所有功能，但还是应该牢记那些能够缩短自己工作时间的功能。

“我是文科生，所以不了解 IT 工具的使用方法。”也许有人会以这样的借口逃避学习 IT 工具，那就太可惜了。因为掌握 IT 工具非常简单，放弃学习才是在舍近求远。

TOP5% 精英中也有不了解 IT 工具的人，但他们会把达成目标放在首位，会不懈地找寻实现工作自动化的方法。他们不会盲目阅读与 IT 有关的书籍，而是会就工作中需要改善的地方在网上查找相关资料或向朋友请教，并不断尝试改进工作方法。

---

① Slack 是一个工作效率管理平台。——编者注

TOP5% 精英表示："如果想要记住 IT 工具的大量功能并加以运用，就会增加自己的精神负担，从而使行动更加拖延。"因此，他们会不断重复"掌握小窍门→实践→有效果→提高满意度"的行为链条。如果他们能从行动中获得满足感，就会更有动力去寻找新的效率工具。这种重复的行为会引导他们了解并熟练运用 IT 工具。

以上就是"微型开关 ABC"的含义。我会在下一章中为大家详细说明打开"微型开关 ABC"的具体方法。

AI分析でわかった

トップ5%

社員の時間術

第 5 章

打开你的“微型开关”，走出加班泥沼

TOP5% 精英		普通员工
思考目前的工作方法是否正确。		精力都集中在具体的工作上。
只做低风险低回报、低风险中等回报的工作。		把低风险高回报、高风险高回报当作目标。
以做笔记的形式表达倾听。		把笔记当作备忘录。
喜欢橄榄球。		喜欢棒球、足球和高尔夫。

打开“微型开关 A”，接纳过去的低效行为

区分工作时间和思考时间

TOP5% 精英总会强调“不要停止思考”。事实上，他们在注重推进工作的同时也注重回顾工作。

TOP5% 精英认为不应该不假思索地推进工作。思考的确让人感到疲累，但如果把精力都集中在具体的工作细节上，就会忽视工作目标。TOP5% 精英一旦开始工作，也容易陷入工作亢奋的状态。他们会时常忘记自

己的目标是要超越客户或领导的期待，而不是对工作本身感到亢奋。如果工作进展顺利，他们就会心情大好，持续这样的状态会不断提高他们的工作激情。**TOP5% 精英为了摆脱工作亢奋的状态，会有意识地停下工作，进行休息。**

TOP5% 精英会在休息身体的同时让大脑开始工作。他们会在短暂的休息中喝杯咖啡，或在房间里来回走动，暂时压制住工作亢奋的状态，重新思考工作的目标。他们还会思考“目前的工作方法是否正确”“还有没有其他可以提升效率的快捷键”“能不能再找个帮手”等问题。

一个人在专注于工作时，身体往往会比较疲惫。所以如果在身体疲惫时休息，同时利用这段时间开动大脑对工作进行回顾，就可以防止接下来的工作偏离原本的目的。

TOP5% 精英就是这样将工作时间和思考时间区分管理的，他们会通过避免无效工作来缩短工作时间。因此，他们会“每周安排一次 15 分钟的内省”“以 45 分钟为单位来划分工作”“工作过程中外出 10 分钟左右”。通过肌肉开关和大脑开关的切换，TOP5% 精英可以高效地完成工作。

以输出信息为先

TOP5% 精英执着于尽早启动工作，有时会在输入信息前先进行输出。如果遇到的是人生中最重要的一场比赛，TOP5% 精英会做好充足的准备。但如果接下来在工作中的失败只会造成轻微损失，那么他们就会采取先输出自己所知的信息再接受反馈、弥补不足的策略。

如果所有工作都从收集信息开始，人们就会因为陷入工作亢奋的状态而延长工作时间，所以应当避免只满足于输入而忽略输出的情况。TOP5% 精英认为输出后接收反馈的环节也是输入的一部分。他们会从反馈中收集建议，进一步明确工作方向，再把这些信息活用到接下来的工作中。

如果不知道输出怎样的工作成果才能令对方满意，那么即便在输入上花费大量时间，也终将徒劳。TOP5% 精英曾说："输出的信息会因对象的不同而改变。"所以当对方不清楚自己的想法时，先输出一部分工作结果，再观察对方的反应也是一种合理的策略。

让所有职场人士都限制自己的信息输入时间绝非易事。但如果职场人士能正确认识"输出的目的是输入"，那么他们就能明白为什么该在输出上下功夫了。另外，在信息输入上花费时间，未必就能提高输出的质量。但如果能做好工作前的意见征询和中途的前馈[①]，就能从对方那里输入更有用的信息。

如果不能做到意见征询或前馈控制，那么与其进行信息输入，还不如把精力放在情节假设上。TOP5% 精英在无法进行意见征询时，会假设并回答"对方是什么样的人""如何改变自己才能让对方按照自己的想法行

① 前馈是指通过观察情况、收集信息、掌握规律、预测趋势等措施，避免未来可能出现的问题。——译者注

动”等问题。

综上所述，我们可以从 TOP5% 精英身上学到以下几点：

- 如果能把“满足于输入”变为“积极输出”，就会产出工作成果。
- 输出能让人伸长“触角”，接近有用的信息。
- 应该先输出信息，再输入对方的反馈。
- 满足于以收集信息为目的的工作有风险。

TOP5% 精英就是这样在理解了工作目标后才开始工作，进而获得工作满足感的。他们认为，不应该在无法取得成果的事情上花费太多时间。

不是计划时间，而是规划时间

TOP5% 精英的工作安排非常完美。他们会在工作开始前明确工作截止时间、工作内容和工作顺序。为了在规定时间里完成工作，这样的计划必不可少。很多职场人士都会在开始工作前查看日程表，计划如何分配时间。

比起计划时间，TOP5% 精英更注重规划时间。我们用 AI 分析了约 1 万名 TOP5% 精英的访谈记录后发现，TOP5% 精英提到“规划”一词的频率是普通员工的 2.7 倍。“规划”这个词经常会出现在策划案中。但让人意外的是，这个词也频频出现在有关时间管理的访谈中。TOP5% 精英会在时间规划中思考自己追求的结果、目标、意义和乐趣分别是什么等问题。

TOP5% 精英倾向于先输出后输入，因为他们需要明确信息输出的意义和目的。同样，他们不会把尽快完成工作当作目的，而是在思考清楚尽快完成工作的理由后，才开始规划工作。他们会选择那些能让自己情绪高涨的事情作为工作目标，并建立自我奖励机制，再在此基础上规划工作。

我自己也会不经意间把缩短工作时间当作工作目标，所以当我对 TOP5% 精英访谈时，突然发现，能在规定的时间里完成工作、早点回家会带来自我满足感。但是，仅仅把“早点完成工作”当作工作目标是不够的。TOP5% 精英的工作目标不是“缩短工作时间”，而是“拥有自己可控的充裕时间”。例如，忙于育儿的 TOP5% 精英会早早下班，在安静的咖啡屋里喝一杯咖啡，看 20 分钟书后去补习班接孩子。准备应对资格考试的 TOP5% 精英乐于利用工作和学习间的须臾闲暇，去大型家电商场逛逛。甚至还有人会为避免排队而早早赶去生意火爆的拉面店。获得这些自己可控的时间才是他们认真规划时间的目的。

根据工作内容规划时间，就很容易被工作牵着鼻子走。所以，像 TOP5% 精英一样，在想明白下列内容的基础上，有意识地规划时间非常重要。

- 为什么必须高效地利用时间？
- 高效利用时间会给自己带来什么好处？

想明白这些内容不仅能让自己产生时间主人翁的意识，还有助于自己持续集中精神工作。

提高成功概率不如降低失败概率

在我的固有印象中，想要取得突出成果的 TOP5% 精英都会给自己设定极高的目标，并为之拼命努力。但是，我们在访谈时发现，他们虽然会把工作目标设定得稍高一些，但不会把获取巨大的成功当作目标。让人意外的是，很多 TOP5% 精英都很保守，他们不喜欢做“高风险高回报”的工作，所以会踏踏实实地规划工作，以避免重大失败。

虽然越来越多的公司鼓励员工积极应对挑战，但这只在员工失败了一两次的情况下成立。若是员工经历了多次失败，公司就不会再给这位员工机会了。TOP5% 精英很清楚这一点，他们认为，弥补失败所耗费的时间也会增加工作成本。

“高风险高回报”看似可以产生工作成果，但是 TOP5% 精英却更注重对高风险的规避。他们认为“低风险高回报”的工作方式是孤注一掷的赌博或妄想。所以，TOP5% 精英的目标不是“高风险高回报”，而是“低风险中等回报”。他们会在花大量精力降低失败概率的同时，持续取得不错的成果。

如果你想了解 TOP5% 精英的具体行动，可以参考前文介绍过的规划时间的方法。他们会从目标出发，规划好时间，然后脚踏实地、按部就班地启动工作，以避免身体疲劳或精神萎靡。而且，为了避免进入工作亢奋状态，他们会在工作中途停下来休息。为了不让自己分心，他们还会将桌子周围都整理干净。TOP5% 精英认为，只要稳步积累中等回报，终会收获高回报。

普通员工正是因为把“低风险高回报”或“高风险高回报”当作目标，所以容易出现中途放弃工作或丧失干劲的情况。

在这个瞬息万变的时代，谋求“低风险高回报”无法保障工作成果。我认为，通过不断积累“低风险低回报”和“低风险中等回报”，在避免重大失败的同时一步步靠近成功才是明智的。

打开“微型开关 B”，建立提前行动和持续行动的机制

细分任务，利用好零碎时间

TOP5% 精英进行任务管理的重点在于“细分任务”。例如，他们会将制作产品的过程细分为：明确条件→制作设计书→制作设计图纸→对项目进行质检→征询销售部门和策划部门的意见→制作说明资料→制作操作手册→接受部门领导的审核→估算改良所需工时→向部门领导提交书面请示……在工作过程中，他们会使用 Microsoft ToDo 和 Trello 等日程任务管理工具来管理工作进度。

其实，到这一步为止，他们所做的任务细分和普通员工并无不同，但 TOP5% 精英会进一步细分每项任务中的具体工作。例如，他们会将“制作设计书”再细分为“制作完工流程→实现该流程的验证工作→估算工时”。他们这样细分任务是为了利用碎片时间来

处理工作。

TOP5% 精英是其他员工的主心骨，所以经常会有人找他们说话或向他们求助。他们也经常参加公司的内部会议，因此，他们很少能坐在工位上工作。为了能把空闲的碎片时间利用起来，他们会细分任务，以便自己随时能推进工作。

即便 TOP5% 精英突然空闲下来，也很难立刻完成一直被积压的工作。他们会用大量的时间思考工作内容和工作推进方式。所以，如果只是单纯想利用零碎时间工作，却不明确该做什么，就只会因为拖延而影响工作的启动速度。

TOP5% 精英不依靠一腔热情开展工作，也是为了能尽早地启动工作，他们会把工作内容提前列在清单里，并抢在大脑开始寻找拖延的理由之前率先启动工作。为了能高效利用碎片时间，在工作前做好万全的准备十分必要。

先决定要放弃的工作

爱迪生坚持实验一万次终于发明电灯泡的故事很容易让人产生误解。这个故事的真正用意不是想要告诉我们爱迪生重复了一万次相同的实验，而是爱迪生进行了一万次不同的实验。也就是说，爱迪生放弃了其中的 9 999 次实验。正是因为这些放弃，他才能开展下一次实验。如果爱迪生执着于一次实验的成功，那么电灯泡就不会被发明出来。

TOP5% 精英既懂得坚持的重要性，也懂得放弃的重要性，他们会在尝试新的挑战时先放弃一些不重要的东西。他们表示："如果拘泥于过去的做法，就会影响工作的启动速度。"

决定放弃哪些工作看起来简单，实则并非如此。就像我在之前著作中提到过的那样，即便不制作精美的幻灯片，不回复"邮件已阅"，也不会对业务产生影响，但这些习惯早已在职场中根深蒂固。那么，TOP5% 精英是如何决定哪些工作该放弃的呢？我们从个别访谈中总结了 4 种方法。

方法 1：运用权衡思维来思考。TOP5% 精英会在得失间进行权衡。因为时间管理实际上是优先级管理，所以决定该在哪里投入精力、该在哪里偷懒至关重要。TOP5% 精英为了做出最优秀的成果，会在重要的工作中投入精力，以此来最大限度地利用有限的时间。

从偷懒的角度来说，TOP5% 精英的时间管理秘诀可谓“狡猾”。但是，这种“狡猾”的思维方式却能帮助他们做出决定，放弃不出成果的工作。

在这个瞬息万变的时代，我们不可能把风险降低至零，所以不计得失的思维方式非常重要。为了避免失败而放弃行动固然不会出错，但这样也让人们无法找到新的机会。当利大于弊时就该积极行动。如果风险很小，那就需要挺身而出、把握机会。

举个例子，如果沟通能力强的销售人员将“我不擅长 IT 技术，所以不做线上销售，只专注于线下销售即可”奉为金科玉律，就会错失线上的顾客。

“放弃”和“冒险”中隐藏着“好处”和“机会”。如果你能抓住机会，就一定能够取得成果。

方法 2：思考人生理想，而非寻求解决方案。人们总是专注于尽快解决问题，但如果只解决眼前的问题，同样的问题还会出现。令人意外的是，有些擅于掌控工作时间的 TOP5% 精英会提早完成工作，是因为他们更希望与家人团聚，或享受自己的闲暇时光。我曾询问过他们为什么要这么做。他们说，一旦明确了人生的优先顺序，就更容易彻底解决眼前的问题。

明尼苏达大学的名誉教授桑尼・汉森博士对美国职业咨询理论的发展贡献巨大，他将人生的意义分成了以下 4 种（通称为“4L”）：Labor（工作）、Love（爱）、Learning（学习）和 Leisure（休闲）。

在思考人生理想时，对 4L 进行排序非常重要。TOP5% 精英表示：“只要明确了 4L 的先后顺序，工作方式就会随之改变。”有时，思考人生意义的顺序，可以帮助自己看到自己的精力消耗方式。我们如果把家人之间的“爱”放在优先位置，就能为了避免加班放弃不必要的工作；如果将“学习”放在优先位置，就不会执着于眼前的小成功，而是会不断从失败中学习，从而接近更大的成功。照此逻辑思考，我们就不会被外部因素所迷惑，进而能以自我为中心决定该放弃什么了。另外，我建议大家每半年都要重新思考一下“4L”的先后顺序。

方法 3：检查是否把手段当成了目的。一旦明确了人生理想，人们就能立刻舍弃无法帮助自己达到目的的手段。因此，为了整理好工作和生活的先后顺序、明确重要工作，就得区分手段和目的。特别是那些非常努力却总觉得时间不够用的人，更应该试着区分目的和手段，将精力放在可以帮助你达到目的的工作上。

我们可以将工作分为“目的本身”“达成目的的手段”和“与目的无关的手段”3 部分。为了进一步缩短工作时间，需要精简“达成目的的手段”，把大部分精力投入与目的直接相关的工作中。另外，在采取手段时，不能漫无目的地埋头于眼前的工作。边思考目的边工作有助于防止行动出现偏差。这与漫无目的地散步就永远到不了山顶是同一个道理。只有看准距离山顶还有多远、制定好分配体力的策略，才能顺利抵达山顶。只要关注到"工作的目的"（山顶），达成工作成果的道路自然就会为你开放。

方法 4：舍弃"外圆"，聚焦"内圆"。TOP5% 精英不会在自己无法掌控的事情（外圆）上耗费精力。因为他们对于改变国家法律、公司规则、社会形势和上级领导无能为力，所以不会在这些方面耗费精力。他们说："拖竞争对手的后腿和故意为难领导的做法都是在浪费自己的时间和精力。如果对领导不满，下班后可以去小酒馆发泄。"总之，只有在自己能产生影响的范围（内圆）投入精力，才能在这个范围内利用好时间。

只要整理好哪里是"内圆"、哪里是"外圆"，就不会在自己无法产生影响的"外圆"上浪费时间。

TOP5%
精英的
时间管理
秘诀

AI 分析でわかった
トップ5%
社員の時間術

决定哪些工作该放弃的 4 种方法

方法 1： 运用权衡思维来思考。

方法 2： 思考人生理想，而非寻求解决方案。

方法 3： 检查是否把手段当成了目的。

方法 4： 舍弃“外圆”，聚焦“内圆”。

如果能够按照这 4 种方法制定工作中的放弃标准，我们就能养成放弃“外圆”的习惯，不断朝既定目标径直走下去。

设定放弃标准的“检查要点”

TOP5% 精英会用自己的标准盘点业务，并在快速启动工作后径直完成工作。他们深刻理解在短时间内集中精力完成工作的重要性。但是这里所说的“径直”并不是指心无旁骛地一味持续努力，而是指在明确工作目标的同时，不能将手段当作目的。

另外，为了在最短的时间内达成目标，TOP5% 精英有时也会舍近求远。他们明白“失败是成功之母”这一道理，会积极学习自己不擅长的业务或专业外的知识，并思考能否将它们运用到自己的工作中去。

TOP5% 精英能做出突出的成果，是因为他们明白哪些工作需要做，哪些工作不需要做。他们会在自己对工作的意义和目的有了认同感后再行动，所以能够朝着目标踏踏实实地持续前进。

不过，TOP5% 精英的判断未必都正确。他们也会因为认知上的差错错误地开启不出成果的工作，或者在做了之后才发现工作的结果并不符合自己的预期。TOP5% 精英知道自己会出现判断失误，所以才会提前启动工作，并在中途放弃毫无意义的工作。为了确认这种认知差错，及时修正自己的行为，TOP5% 精英都有共通的放弃标准用来检查工作要点。

举个例子，TOP5% 精英平均每年要读完 48.2 本书。他们在书店里买书时，会先大致看一下书名、作者简介、目录和序章，然后再决定是否购买。但是，即使是这样，他们也可能不会读完整本书。他们平均每月要参加 2.4 次网络研讨会，在参会中途也时常退席。

其实，TOP5% 精英会在做事之前提前制定放弃的标准。他们的放弃标准如下：

- 在阅读时，如果书中出现 3 次错误，他们就会放弃阅读。
- 在网络研讨会中，当讲话者开始介绍与他们无关的产品时，他们就会中途退席。

TOP5% 精英会根据工作效果提前制定放弃标准。如果遇到需要中途放弃或修正的工作内容，他们开始工作时就会感到不安和忧虑，这也是他们不设立放弃标准就迟迟无法采取行动的原因。一旦明确了放弃标准，他们就能毫不犹豫地全力开展工作了。

TOP5% 精英能够快速做出决策，是因为他们清楚决策失误是可以补救的。

TOP5% 精英就是这样通过运用放弃标准，顺利完成工作的。

以做笔记的形式增加互动

TOP5% 精英会不停地记笔记，就连琐碎小事也要记下来。我们曾在访谈中问及他们这样做的缘由，才知道他们是想用动手记笔记的方法来加深记忆。

这种一边运动肌肉一边学习的方法叫作“同步肌肉学习法”。科学证明，运动可以激活大脑、提高记忆力。美国佐治亚理工学院做过一项实验，结果显示，20 分钟的肌肉锻炼可以让人的记忆力提升 10%。另外，瑞典卡罗林斯卡学院（Karolinska Institute）的内科医生、精神病学专家安德斯·汉森（Anders Hansen）在他的书《大脑健身房》中，向人们阐释了运动学习的效果：

- 与坐着学习相比，边运动边学习会使记忆更牢固，记忆量也会增加。

- 运动不仅能提高专注力，还能提高记忆力、创造性和抗压能力。

TOP5% 精英虽然重视效率，但令人意外的是，他们不用 OneNote 或 Notion 等笔记本软件，大多使用可以手写的笔记工具。虽然普通员工也使用这类笔记工具，但两者的使用方法不同。TOP5% 精英会有意识地让对方看到自己做笔记的样子，让对方感受到他们正在认真倾听。

如果一个人在开网络会议时用电脑做笔记，键盘声会很吵，有时还会妨碍别人发言。此时，TOP5% 精英会在纸质记事本上做笔记。除了把笔记当作备忘录，他们还会通过仔细反复阅读笔记巩固记忆。他们会在获取文字信息的同时整理思路，从而提炼出下一步的工作要点。此外，他们还会在记笔记的同时提出自己的见解，进而与其他人交流观点。

TOP5% 精英不仅把做笔记当作纯粹的知识输入手段，还当作一种沟通方式。他们会在做笔记时向对方

展示自己的倾听姿态，并借此让对方参与进来，以增加双方的互动频率。

打开“微型开关 C”，专注于能取得成果的工作并坚持下去

不做细致又拖沓的工作

TOP5% 精英虽然会在最短的时间内完成工作，但产出成果的质量却不低。他们在接受工作时，会认真确认委托者对工作成果的期待，并在工作中一边确认对方的想法，一边推进工作。

我们在听了 TOP5% 精英的访谈录音资料后，感觉有一点让人印象深刻，那就是他们在接受工作时会一遍又一遍地向领导确认工作的截止限期和工作内容。虽然他们那股认真劲儿可能会让对方觉得麻烦，但是，他们

这样做非常有必要。

有 TOP5% 精英表示：“在我刚接到工作时，对方可能也不明确自己的需求，所以我需要通过不断提问的方式来明确需求。”的确如此，如果对方不明确自己的需求，那么无论执行者耗费多少时间，都难以满足对方的要求，也很难呈现对方想要的效果。

不明确委托者需求的工作本身毫无意义。**TOP5% 精英会通过多次提问，明确对方的需求，并通过让对方发表意见的方式，将自己的独立工作变成两个人的共同作业。**这样，他们就可以集中精力完成工作了。

明白了委托者的需求，才能顺利开展工作。然而，我们并不提倡员工反复确认工作内容，而是鼓励大家别在意个别错误，先把工作进行下去。

大部分 TOP5% 精英的工作方式并非严谨周详、孜孜不倦，而是粗枝大叶、雷厉风行的。他们会在工作过程中忽略小错误，但会在最后的收尾阶段一并对工作进行确认和修正。

这种工作风格有很大的参考价值，我也将它运用到了自己的写作中。以前，我在写文章时会一边确认一边修改；现在，我效仿 TOP5% 精英，即便遇到了错字、漏字，我也会不管不顾地先写下去，写完后再按章节让线上助理代为校对。这样，我的写作速度提高了 2 ～ 3 倍。6 年前，我第一次出书时，写完一本书足足花了半年多，而现在完成一本书只要一两个月。

TOP5% 精英“不做细致又拖沓的工作”。在我主办的幻灯片学习班中，有 2.3 万名学生也效仿 TOP5% 精英“不做细致又拖沓的工作”，结果陆续取得了不错的效果。他们的工作时间减少了约 10%。

减少“烦恼和担心的时间”

人们经常会在工作迫在眉睫时反复想到过去的失败经历。这被心理学家称为“反刍思维”，反刍思维是引发抑郁症的重要原因。我自己曾得过两次抑郁症。当时的我每晚睡觉前都会想起那些他人对我的无理指责。这致使我的睡眠时间不足，还引发了抑郁症。

任何人都有烦恼，TOP5% 精英也不例外，烦恼的情绪会消耗人们大量的时间和精力。但是，如果我们知道了烦恼的形成机制，就能防止烦恼成为工作的干扰因素。接下来，我会给大家介绍 TOP5% 精英排解烦恼的 3 大要诀。

要诀 1：周围人的眼光只是你的幻想。很少有人能自信满满地说“我能够客观地看待自己”。因此，倘若一个人过于在乎别人看待自己的眼光，就会产生“不想被人瞧不起”“不想感到羞愧”等想法。

这些烦恼展现了一种以自我为中心的思维方式。从严格意义上来说，一个人自我意识过剩，或误以为自己很受别人的关注就会产生这些烦恼。但是，其他人并不会像你想象的那样关注你。如果你明白了这点，就能不再在意周围人的目光从而减少烦恼了。TOP5% 精英很清楚这一点。

要诀 2：未来无人知晓，只需专注当下。时代变化如此剧烈，谁也不知道两三年后自己会变成什么样子。即便在财力雄厚的大公司任职，我们也无法预测未来的职业方向。

德国的奔驰和宝马最初从事飞机制造和销售业务，但第二次世界大战结束以后，飞机的销售额一落千丈，这两家公司便成功转型为汽车厂商。软银集团最初是一家软件转售公司，现在已经转型为投资公司了。

我们从世界级大公司的例子中可以看出，没有人能预测未来会发生什么，所以何必浪费时间担心未来呢？让我们坦然面对未来吧！

当然，我们应该为可以预测到的情况做好准备，但 TOP5% 精英也认为这很难做到。既然无法确定长期目标，那么集中精力做好当下的事才是在对未来做最充分的准备。

要诀 3：把全部精力集中在自己的强项上。公司的内部培训更倾向于让员工加强短板，而非发展强项。公司这么做是为了帮助员工提高技能水平。但是，一个人很难仅凭努力就能做好自己不擅长的事。现实是，即便员工花了很长时间去克服自己的短板，也不太可能达到很高的水准。因此，与其在克服短板上耗费时日，不如把所有精力都集中到自己的强项上，那样取得成果的可能性更高。

在克服短板前，应设置放弃标准。当感觉自己在短板上不可能有更大的进步时，就该在自己的强项上投入更多时间，以提高自身的稀缺性。TOP5% 精英就是通过这样的努力来发展自己的强项的。只有这样，他们才能在市场上呈现出自己的差异性和稀缺性，进而成功开拓新业务。

**TOP5%
精英的
时间管理
秘诀**

AI分析でわかった
トップ5%
社員の時間術

排解烦恼的 3 大要诀

要诀 1： 周围人的眼光只是你的幻想。

要诀 2： 未来无人知晓，只需专注当下。

要诀 3： 把全部精力集中在自己的强项上。

考虑投资回报率，不急不躁

有些人不喜欢浪费时间，所以只要有一丁点儿浪费时间的苗头，他们就会火急火燎地想办法解决。这类人只要遇到事情没有顺利推进的情况，就会烦躁不安。特别是当别人行动过慢时，他们就会认为“这是在浪费时间”，进而变得焦虑不安。

把这种不开心的情绪传递给别人只会造成隔阂，并不能从根本上解决浪费时间的问题。更糟糕的是，焦虑会成为恶性循环的起点。这种人一旦遇到不愉快的事情，就容易被情绪牵着鼻子走。而且，一旦有人没有按照自己的想法行动，他们的焦虑就会加剧。在这种情绪的影响下，他们无法集中精力继续工作。也就是说，焦虑不仅会影响到他人，还会影响到自己。

我曾以为 TOP5% 精英对时间的把控都比较严苛且容易急躁，但没想到他们并非如此。TOP5% 精英行动往往比较缓慢，会给人游刃有余的感觉。他们说话时和颜悦色，会配合对方的节奏缓缓颔首、慢慢说话。

我曾问及他们这样做的理由，结果他们回答说：“人太急躁反而会浪费时间。”这让我很惊讶。他们认为，人一旦变得急躁焦虑，就会因愤怒而无法冷静地做出判断。

大家都会希望同事加快工作速度。TOP5% 精英绝不会在这种时候感情用事地强制他人行动。

他们会站在对方的立场上，思考怎样做才能够达到双赢，然后以缓慢的节奏表达诉求，以求能让对方听到心里。他们会用这种彬彬有礼的方式与人交往。

如果精神上不够从容，就无法做出正确的判断。TOP5% 精英明白，一旦自己陷入精神紧张的状态中，就无法做出正确的决策，从而浪费时间。

TOP5% 精英也会生气、会哭泣，也有感情用事的时候。但他们会通过调整，给自己留出充足的时间，努力控制自己的情绪。

明白自我否定就是“妄想”

任何人都有弱点和短板，TOP5% 精英肯定也有。但是，如果一个人总为自己的短板而烦恼，不断自我否定，就会被对未来的不安所吞没。

如果一个人无法肯定自己，烦恼就会增多，工作也会受到影响。**TOP5% 精英会采用“尊重自己的判断”和“使用积极语言”等方法防止产生自卑情绪。**例如，当他们在犹豫是否需要准备或继续某项工作时，就会凭感觉做出判断，而不会拘泥于判断本身正确与否或别人的看法如何。

另外，当工作进展不顺时，TOP5% 精英会尽量用积极的语言来描述工作进展。当他们感觉下属能力不足时，不会说下属“不够老成，不能胜任工作”，而会说“他还有很多成长空间”。这样，他们就能让自己和下属都积极地投入工作。

TOP5% 精英也是这样对待自己的。他们会用积极的语言鞭策自己，防范自卑情绪，提高自己的行动力。

TOP5% 精英
与众不同的个人选择

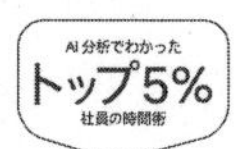

对橄榄球充满热情

通过数据分析，我们发现，在 TOP5% 精英中喜欢橄榄球的人很多，是普通员工的 4.2 倍。在普通员工中，最受欢迎的运动是棒球、足球和高尔夫。

在被问及为什么喜欢橄榄球运动时，TOP5% 精英除了回答自己的体型比较适合之外，他们也会屡次提到“瞬间判断”和“伙伴意识”这两个关键词。他们认为，根据对方的动作踏步交叉、瞬间做出上前扑搂[①]的动作

① 扑搂是橄榄球运动中具有代表性的动作。扑搂动作根据攻防球员跑动的位置、方向、角度、姿势不同，可分为侧面、背后和正面扑搂。——译者注

非常有趣。

比起棒球和高尔夫，橄榄球运动更需要瞬间判断力。TOP5% 精英的决策速度很快，且擅长将决策立刻付诸行动。或许这才是他们喜欢橄榄球运动的原因。

另外，TOP5% 精英也频繁提到“伙伴意识”和“公平”等关键词。很多 TOP5% 精英表示，在比赛结束后与对方球员拥抱、保持选手与裁判间的良好关系也是橄榄球运动的魅力所在。

虽然我不了解橄榄球运动的规则，但也为 TOP5% 精英对橄榄球运动的热情所折服，甚至自己也在访谈中被橄榄球运动深深吸引住了。

在橄榄球比赛中，我们经常可以看到裁判和选手愉快对话的场面。那是裁判正在向球员解说他的判决。而在其他运动中，裁判和选手往往以抗议的形式进行交流，所以我对橄榄球比赛中特有的沟通方式感到惊讶。

据说在橄榄球比赛中，裁判给人的感觉不是客观的第三方，而是同伴。TOP5% 精英在打橄榄球比赛时不仅会视裁判为同伴，也会把对方队看作同伴。他们会被这种相互切磋、共渡艰辛、共享成就感的关系所吸引。

TOP5% 精英有时会给人不讲情面的感觉，但其实他们比想象中更亲切友好，他们能通过营造轻松柔和的氛围来俘获周围人的心。

比起获得认可，TOP5% 精英更关注如何达成目标，他们会具有更强的团队思维。橄榄球运动恰好能体现他们的这一品质。

AI分析でわかった

トップ5%

社員の時間術

第 6 章

从明天开始，你也可以准时下班

TOP5% 精英	普通员工
每周五计划下周的重要工作。	不假思索地推进工作。
依靠专注力工作。	依靠体力或干劲工作。
即便工作进展不顺，也会让领导看到。	只汇报顺利的工作进展。
明确工作的截止日期。	工作的截止日期不明确。

通过“大石头理论”规划工作

要想在最短的时间内完成工作，就应该思考如何才能减少工作时间。因此，我们要先找出那个能带来最大成果的工作任务，并将其放在任务列表最优先的位置上。

有个法则叫作“大石头理论”，说的是如果将所有石头毫无章法地放入容器里，容器就会装不下大石头。所以要先放大石头后放小石头。时间管理亦是这个道理。**把大任务（大石头）放在最优先的位置后在剩下的**

时间里安排琐碎任务（小石头），就能在最短的时间内产出工作成果。

每周五列出两项“大工作”

TOP5% 精英每周五都会记录下一周最重要的两项任务。他们会在休假前的周五下午进行 15 分钟内省，通过内省来回顾最近一周的工作安排。他们会在这 15 分钟里提取出没有产出成果的任务，并找出可以产出成果的重要任务。这种行为不仅可以减少时间的浪费、提高工作效率，也可以帮他们达到更好的工作效果。他们会为了取得长期成果，优先处理重要任务。

当被问及为什么只列两项大任务时，TOP5% 精英的回答是，为了减轻精神负担。他们认为，如果一口气列出三项以上的大任务，会很难将它们全部完成，进而给自己增加精神负担。但如果只有两项任务，他们就会感觉自己肯定能坚持下去。

另外，我还向 TOP5% 精英确认了在周五做这一工作的缘由。他们告诉我这是为了能在周一心情愉悦地上班并尽快启动工作。他们认为，如果能在周末前对下周的工作做出安排，就能减轻周一上班的烦闷。我也认为，如果在周一前就能明确接下来该做的工作，未来一周就能愉快地开始冲刺了。

TOP5% 精英会比普通员工多出 1.3 倍的临时工作。其实，这种临时工作能提高 TOP5% 精英的工作效率。临时工作越多，TOP5% 精英就越会重新考虑工作的先后顺序。他们会放弃不重要的工作，或将常规工作委派给有余力的员工，以此来提高效率。

关于临时工作，他们表示："接到的临时工作越多，越要注意给自己留出时间和精神上的余裕""正是在这种时候，才更有勇气放弃不出成果的工作"。

不仅 TOP5% 精英如此，很多职场人士都会有很多工作。但是，如果只是盲目地处理工作，多少时间都不够用。如果能像 TOP5% 精英一样，养成记录下周重要任务的习惯，那么就算任务如滚雪球般增加，你也能应付自如。

以 45 分钟为单位划分工作时间

TOP5% 精英会在划分好时间后再开始工作。一旦到了划定的时间，即便工作尚未完成，他们也会停手休息，等休息完了再迅速处理工作。但是，他们这样做并不只是为了提高工作速度，还为了完成更多工作。因此，为了长时间保持专注力，他们会把工作时间划分成几段。

TOP5% 精英多以 45 分钟为单位划分时间。他们常会在工作了 45 分钟后，站起身来做个深呼吸，上个厕所休息一下，或补充点水分。比起完成了多少任务，他们更在意能自己能在多少个 45 分钟内保持专注力。

为了在规定时间内完成工作，不仅要速度快，还得将工作做完。因此，人有必要给自己设定一段能充分集中精力的时间，以便用更快的速度处理掉更多的工作。人的专注力和精力是有限的，连续工作四五个小时很困难。就算人能在 3 小时内一直集中注意力，也很难在一天内这样多次重复 3 小时的高强度工作。

我们在 39 家公司中进行实验，对连续工作 5 小时不休息的团队和每工作 45 分钟休息一次的团队做了比较。结果发现，后者的工作效率比前者高 1.2 ～ 1.5 倍。因为后者依靠的并不是体力或干劲，而是对精力的合理分配。

由此看来，一个人即便在工作时感到充实，但做事拖延，也无法产出工作成果。所以，要在规定时间内完成大量工作，就必须想办法提高自己的专注力和精力。

TOP5% 精英
与众不同的个人选择

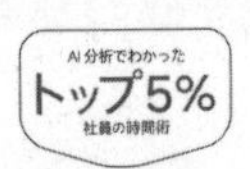

说出给自己的奖励

在实际工作中，建立合理的工作机制并不能解决所有的效率问题。我们在工作中常会因为提不起精神而无法有节奏地推进工作，也会因为手头的工作过多而不知道先开展哪一项。在这种情况下，TOP5% 精英喜欢给自己准备点奖励，比如做完某项工作就请自己吃蛋糕，以此来激励自己尽快完成工作。

我建议大家要尽量把奖励的内容说出来，让它根植于自己的潜意识。另外，如果能把自己将要做的工作展示给同事，就能逼迫自己不得不行动。如果能把奖励当作目的，就不会只想着完成工作本身，而是会选择优先完成重要的工作。

建立被“认可”的机制

我们为了解员工对工作意义的理解，对客户公司中共计 17 万名员工进行了问卷调查，并通过 AI 的分析提取了数个关键词。这些关键词也会随着时代的变化而改变。举个例子，在 2017 年，日本开始呼吁工作方式改革，这一时期出现频率较高的关键词是“时间”“加班”“休息日”以及“和家人在一起的时间”。而到了 2018 年和 2019 年，人们最常提到的却是“认可”“达成”和“自由”。由此可知，越来越多的职场人士开始注重效果更胜于注重效率。

从 2020 年到 2022 年，约有 67% 的职场人士经历了居家办公，且不断有中层管理人员反映，他们很难对远程办公中的下属做出评价。另外，有很多员工开始意识到，工作不是生活的全部，开始思考工作的社会价值。

2021 年，我们针对员工对工作意义的理解展开调查，提过一个开放式问题：“你在什么时候感觉工作有意义。”回答中出现最多的关键词依次是“认可”“达成”和“贡献”。相对于 2018 年和 2019 年的“认可”“达成”和“自由”，新冠疫情发生后，“自由”被“贡献”取代了。

对于 2021 年的员工来说，他们只有在达成目标或做出贡献（例如做出公司和领导都认可的成果等）后才能得到认可；只有在收到“工作交给你很放心”这样的评价后，才能获得工作上的自由。因此，TOP5% 精英会先努力与领导建立共同目标。

我认为，为了让立场不同的人接受同样的目标，设定定量目标很重要。TOP5% 精英会按照每年的评价标准，将工作具体化、细分化后，再转化为定量目标。而且，他们会把这个目标落实到每一周。如果他们可以达成这一目标，就能得到领导的认可。

TOP5% 精英不希望领导对自己进行精细化管理（微观管理），而是希望用自己的方式来达成工作目标。为此，他们会主动向领导展示自己的工作进展情况。与普通员工不同的地方在于，即便工作进展不顺，他们也会向领导汇报。因为如果只汇报顺利的工作进展，领导反而会感到不安。如果在工作进展不顺时也能向领导汇报，既能让领导放心，有时还能获得帮助。**TOP5% 精英通过汇报工作进度，让领导和同事参与自己的工作，使自己成为组织内颇具影响力的人物。**

TOP5% 精英为了获得认可，会和领导共同制订工作目标，将工作进度可视化，以此得到领导和同事的信任，并以自由的方式达成目标，为公司做贡献。他们就是这样把“认可”“达成”“自由”和“贡献”等关键词转化为自己的成果的。

利用“期限效应”培养超强自制力

用“还剩几天”而非“截止到几号”规划时间

TOP5% 精英会经常注意工作的截止日期，并以此为标准来规划工作。

TOP5% 精英明白，很少有计划能顺利推进，所以他们会给自己预留出缓冲时间，比截止日期提前一点儿完工。他们会通过关注截止日期，来强迫自己提高处理工作的速度。他们不会采用“截止到几日”的形式记录截止日期，而是以“还剩几天”的形式记录，以便他们计算剩余工作时间。他们会从截止日期倒推还剩下多少时间，进而判断出需要完成的基本工作是什么以及应该放弃哪些工作。

另外，为了让自己明确意识到距离截止日期还剩多长时间，TOP5% 精英会在视觉上下功夫。他们会用桌上的时钟来提示自己。虽然用电脑和手机也能非常方便地确认时间，但时钟能更直观地展现时间的流逝。TOP5% 精英通过观察时针和分针的位置，能快速掌握剩下的时间，而且秒针和分针的移动还会让人产生“截止日期不断迫近”的紧张感。

TOP5% 精英通过这种逆向的时间管理方法，再加上对眼睛和大脑的刺激来提高工作效率。

向同事宣布行动的目标和期限

很多人都有这样的经历：明明知道自己应该做什么工作，可就是提不起精神，迟迟不肯动手。如果等到精神来了才开始行动，就会因为工作启动过晚而赶不上截止日期。因此，TOP5% 精英会想尽办法尽快启动工作。

具体来说，TOP5% 精英会明确自己的工作目标和截止日期。他们不会用“这个月内完成就可以”这样模棱两可的语言来描述截止日期，而是采用更加严格的标准来设定日期。比如，他们会提醒自己，“要在 4 月 28 日下午 4 点前完成工作”“距离截止日期还有几天”等。一旦明确了工作期限，他们就会本能地开始严守期限，不得不开始工作，这样就能集中精力了。这种现象叫作“期限效应”。

为了进一步强化行动，TOP5% 精英会借助周围人的力量。他们会把工作目标和截止日期告诉身边的 3 个人，活用“宣言效果”。“宣言效果”是指一个人通过与周围人共享行动目标和期限，更容易达成目标。TOP5% 精英向他人宣布工作目标和期限，会让他们产生不想被人小觑的心理，起到给自己施压的作用。

TOP5% 精英利用“期限效应”（定下期限后，让自己本能地开始工作）和“宣言效果”（因为在意周围人的眼光，而强化自己的行动）提高自己的自制力。

我们以 2.2 万名员工为对象实验了这一秘诀。我们对这些员工的所有行为设定了期限。之后，我们通过鼓励这些员工在公司内广泛分享实验内容和工作进度，帮助大家践行了“期限效应”和“宣言效果”。

结果，在工作中应用了“期限效应”和“宣言效果”的普通员工们纷纷表示，他们能切实感受到这一秘诀的效果。

TOP5% 精英与众不同的个人选择

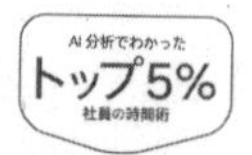

每周打扫一次厕所

很多完美主义者都有洁癖，而有洁癖的人往往不擅长搞卫生，因为他们会因过于爱干净而不想碰到污秽，或因过于追求完美而无法轻易丢掉自己不需要的物品。

我建议这些信奉完美主义的洁癖者去尝试打扫厕所。这是 TOP5% 精英践行过的方法。他们说：“打扫厕所有助于提高自我肯定感。”如果能完成多数人不愿意做的厕所打扫工作，就会产生自我肯定感。另外，很多富人也愿意自己打扫厕所。所以，如果你因为太追求完美而无法展开行动，就尝试用打扫厕所来获得自我肯定感，提高自己的行动力吧。

降低“噪声”提高专注力

为了提高专注力，放松精神很有必要。TOP5% 精英会在休息时通过听悦耳的音乐、保持室内适宜的湿度、观赏观叶植物等方式来提高专注力。

巧用降噪耳机

有些 TOP5% 精英会戴上降噪耳机，通过听 Hi-Res 音质的曲子来放松。高品质的 Hi-Res 音乐能让听众感受到歌手在唱歌时的气息以及音乐流动感，能够呈现声音的细节。

人在工作时需要注重自己的听觉感受。为了不让耳朵感到疲劳，降噪耳机就派上用场了。员工在办公时，若一直能无意识地听到杂音或者噪声，大脑就会疲劳。有 TOP5% 精英表示，白天听到太多的噪声会影响晚上的睡眠。因此，他们会在居家办公时使用降噪耳机。

另外，TOP5% 精英还认为，无声环境有助于左脑开展工作。带有麦克风的降噪耳机还能直接用来参加线上会议，使用这样的耳机可以减缓听觉疲劳，帮助精力集中。

改变社交软件通知设置

我们很容易被高情感值的东西夺走专注力。所谓情感值，是指用 AI 分析出的用来显示情感强度的数值。当你在工作中遇到不快时，愤怒的情感值就会攀高；当你得知自己支持的棒球队获胜时，喜悦的情感值也会瞬间飙升。

不少人会为了收集信息在工作中使用社交软件。我并不否定这种行为，但是社交平台上按时间线排列的各种信息，会令你的情感值高涨，进而分散你的注意力。这样一来，你就无法完成工作了。

因此，如果你在工作时需要用到社交软件的私信功能，可以将私信中的信息转发到邮件或其他聊天平台中进行处理。因为如果模糊了工作与私人的界限，就会分不清自己是在工作还是在娱乐，也会更加难以控制工作时间。

TOP5% 精英明白，在工作时使用社交软件会

分散专注力，所以他们会尽量避免在工作中使用社交软件。

举个例子，他们不会把社交软件的图标放在手机的首屏，而选择放在第二屏或第三屏上。此外，他们会把工作中能用到的商务软件和用于紧急沟通的信息软件放在首屏。因此，他们不滑动屏幕就无法使用这些社交软件，这样可以防止自己分心。

TOP5% 精英可以用这样的方法限制自己使用社交软件。他们告诉我，使用 Windows10 或 Windows11 系统的虚拟桌面功能可以区分办公软件和娱乐软件。

TOP5% 精英为了能让自己立刻注意到商务聊天软件中的重要信息，他们会更改通知设置。当他们收到重要人物的信息或含重要关键词的信息时，软件会向他们发送通知。

另外，TOP5% 精英倾向于在 15 分钟内集中回复自己收到的所有信息。所以，他们不会总被通知影响注意力。他们会将软件设置成只有收到重要信息时才会发送通知。**只有以恰当的频率确认工作事项并做出快速的回应，才能提高团队整体的工作效率。**

巧妙借助工具，提高工作效率

动手把文字写下来

普通人每天会忘记自己接收到的 70% 的信息，做笔记是提高知识生产力的有效手段。在倾听对方说话的同时记笔记，会让对方感受到自己的关心与尊重，有助于建立起良好的人际关系。

但是，我们不能把做笔记当成目的。如果你没有复习笔记的习惯，做笔记是没有效果的。这一点我已经在第 5 章中进行了说明。

我惊讶地发现 TOP5% 精英中的手写派很多。我本以为在电脑和手机上录入文字时效率会更高，但使用记事本或触控笔记笔记的 TOP5% 精英不在少数。他们这么做是出于以下 3 点原因：

首先，手写笔记可以表达对对方的敬意。一边听人说话一边做笔记，会让对方感受到你的敬意，也会提高对方对自己工作的参与度。其次，手写笔记可以帮助你有意识地进行运动记忆，一边运动一边记忆有利于记忆的巩固。

例如，当你手写笔记时，就会心无杂念，更专注于工作本身。最后，手写笔记可以帮助你整理信息。人在将信息转化为文字的过程中，会用到左脑的逻辑思维，能够更加客观冷静地重新审视事物。而且，在整理信息的过程中，可以通过思考分辨哪些信息是重要的。

像这样，你只需要开始动手写笔记，并注意手写笔记的 3 点好处，就能在提高工作质量的同时减少工作时间了。

提高工作效率：掌握语音输入技能

越来越多的人选择使用电脑键盘和手机滑动输入功能来快速录入文字。在使用键盘打字时，通过记住键盘中字母的排列顺序来进行盲打是高效的；如果使用手机录入，由于手机屏幕小，采用滑动输入的方法会更适合。

为了更快速地录入文字，我们还可以使用语音输入功能，只要对着电脑或智能手机的麦克风说话，就能实现文字的录入。因此，虽然使用语音输入需要在事后进行修正和校对，但在速度上还是比使用电脑键盘打字和手机滑动输入略胜一筹。TOP5% 精英也对语音输入技术的精度感到惊讶。

我也经常使用语音输入。其实，这本书一半以上的内容都是用语音输入完成的。虽然我需要在事后修正错误的文字和标点符号，但是使用语音输入大大提升了我的工作效率。多亏有了语音输入，我才能在一年内完成 10 本商务类书的写作（按每本书 8 万字计算，相当于用语音输入了 80 万字）。

我建议大家也尝试一下语音输入软件中的语音识别、文字转换和自动添加标点符号等功能。随着 Zoom 等软件的发展，越来越多公司会选择开展线上会议，许多职场人士也为自己配备了麦克风。请大家也尝试使用麦克风进行语音输入。

利用自动校对功能

绝不能把存在错字、漏字等问题的资料交给客户。职场人士在发短信聊天时，也不应因为打错字而让对方感到不悦。然而，逐字逐句地仔细确认文本很花时间。如果每写完一句话都要为了检查错字复读一遍，确实很影响速度。在这种情况下，就需要利用 IT 工具进行自动校对。Outlook 和 Word 都自带文章校对和拼写检查功能，只要对这些功能运用得当，就能减少工作文件中的错字。

在进行大篇幅文章的写作时，让作者之外的人负责校对可以提升效率。其实，我也写过很多商务类的书，但我只负责写作，检查错字、漏字和统一格式等工作都由远程助手来完成。如果我在写作中反复阅读原稿，一边检查错字、漏字一边工作，工作效率就会降低一半。

TOP5% 精英有时会请同事帮忙校对，但很少有同事能抽出时间做这些事情。所以，我通常会用前文介绍过的办公软件上自带的文章校对功能或收费的文章校对服务来应对。虽然后者并不便宜，但考虑到自己校对或与同事商量的时间成本较高，我认为值得进行这样的投资。

TOP5% 精英会在能够提高工作效率的工具上进行合理的投资。

活用倍速播放功能“输入知识”

在休息时间活动身体可以促进血液循环。在这个过程中，多巴胺的分泌能让身心变得愉悦。趁着工作间隙，在办公室或自家周围轻松地散步也是在做运动。在深呼吸时让大量氧气进入肺部还能起到提神的效果。

我建议大家在上下班途中提前一站下车散步。不少 TOP5% 精英会在上班途中或回家路上散步。他们中的部分人表示，人在跑步后会出汗，需要及时换衣服，因此跑步的行动门槛过高。但如果只是穿着便服进行散步之类的有氧运动，就会轻松很多。

听着自己喜欢的音乐散步，会心情大好。我特别推荐大家在早上散步。如果能在早上以饱满的精神开启工作，工作的速度就会加快。

TOP5% 精英会在散步时听什么样的音乐呢？调查结果显示，他们听的音乐多种多样，听音乐的方式也各有不同：有戴着降噪耳机散步的，有把古典音乐当作背景音乐的，还有边听收音机边走路的。令人意外的是，听有声读物的人很多。有声读物是指由旁白或配音演员朗读书籍的声音服务。最有名的有声读物平台是亚马逊旗下的。

TOP5% 精英听有声读物的原因有很多，除了“边运动边学习”之外，还有人认为在运动中听有声读物可以提高学习效率。

TOP5% 精英会在休息时间里通过有氧运动来恢复精力、调整身心状态，通过听有声读物进行高效的学习，满足自己的求知欲，以便在休息之后展开新一轮的工作。

我们还发现，TOP5% 精英在听有声读物时往往会采用正常速度的 1.2 ～ 1.5 倍。很多 TOP5% 精英表示，当播放速度略快于正常速度时，人更容易集中注意力倾听，也更容易记住听到的信息。他们的目的是在听有声读物的过程中学到知识，并将知识运用到之后的工作中。

我建议大家在观看视频时也使用倍速播放功能。最近，让员工以 E-Learning[1] 形式听讲座或参加培训

---

① E-Learning 的英文全称是 Electronic Learning，意为“数字（化）学习”“电子（化）学习”“网络（化）学习”等。——译者注

的公司越来越多。这些公司会通过 Zoom 或 Teams 对员工进行线上培训，之后再让员工通过观看视频的方式复习。然而，员工在工作繁忙的时候很少有时间观看视频，倘若不巩固复习，即便学了新知识也无法将其运用到实践中。

所以，我建议大家采用倍速播放软件来观看视频。大家只要使用免费软件，就能用适合自己的速度播放 E-Learning 视频。这就像边散步边听有声读物一样，你可以以 1.2 ～ 1.5 倍的速度一口气看完一个 E-Learning 视频。这样你不仅能在短时间内完成观看任务，还更容易加深记忆。

TOP5% 精英中有的人会在第一次听有声读物时使用 1.5 倍速，在第二次使用 2 倍速。他们通过改变播放速度来增加大脑负荷，以确保记忆效果。倍速播放的途径有以下 4 种：

1. 用浏览器倍速播放。
2. 下载视频后倍速播放。

3. Microsoft 365 的用户可以使用 Stream 倍速播放。
4. 用 OneDrive 或 SharePoint 倍速播放。

这些都是在网络上可以搜索到的方法，请大家务必选择适合自己的方法灵活使用倍速播放功能。

确保卓有成效地“输出信息”

所谓输出，就是把输入大脑的东西加工编辑后传递出来的过程。输出不是为了同化对方，而是为了促使对方采取行动。怎样输出才能让对方按照自己的想法行动呢？下面我以产品演示为例给大家具体介绍一下吧。

在做产品演示时，比起使用过快的语速，适当的停顿更有助于将信息传递给对方。每次在看 TOP5% 精英做产品演示时，我都会折服于他们连贯流畅、从容大方的说话方式。他们在使用幻灯片演示时，每切换一次，都会留出 1 秒左右的停顿时间，以此来确保幻灯片和话题的同步切换。

在翻阅幻灯片时停顿 1 秒会让人心情愉悦；但如果停顿的时间持续 3 秒，就会让人感到不安；而停顿的时间如果持续 5 秒，则会使情况变得糟糕。TOP5% 精英深知这一时机的重要性，所以不会在翻幻灯片时停顿长达 5 秒。尽管如此，在进行产品演示时会发生很多状况，例如电脑在演示过程中卡顿、幻灯片无法翻页、会场有杂音、产品演示无法正常进行，等等。

在这些情况下，TOP5% 精英会边动手边用语言进行说明。比如，他们在听到杂音时，会口头说明当时的情况，让自己恢复冷静。当幻灯片无法顺利翻页时，他们会大声解释说：“幻灯片无法翻页，请各位稍等。”

如果能像播音员在实况转播中做的那样，在平时做好训练，将眼前的情况表达出来，就能立刻做出应对了。

在疫情时期，很多员工都因为在线交流苦不堪言。各大公司经常会出现这样的情况：当面能够表达清楚的事情，却在网络会议中传达不清；很少有人在在线会议中开视频，所以无法通过画面交流情感，结果大家因顾忌过多都很少发言。

TOP5% 精英为了在这种情况下顺畅地传达信息，尝试了各种方法。例如，他们会在公司开始开会时先闲聊一段时间，在交流情感后再进入会议正题。在这种时候，除了用语言进行交流，用表情和手势来传达自己的意图和情感也很重要。

在大公司里，员工的过度焦虑情绪常会导致工作效率的下降。所以，大家在工作中需要尽量避免焦虑，与同事轻松对话。

我给大家介绍一下 TOP5% 精英实践过的 3 个非语言交流方式：

方式 1：手指的动作。如果你在说话的同时能在镜头前动动指尖，就会使对话显得感情丰富，至少能传达出你没有生气的意思。如果你在屏幕上展示自己的手指动作，与会者就能清楚地看到你的动作，从而被你吸引。在对会议内容进行讨论时，使用手指动作会更容易说服对方。

方式 2：颈部的动作。要想表示自己正在认真倾听对方说话，使劲点头最为有效，这一点我已经在《TOP5% 领导者的高效管理秘诀》一书中介绍过了。TOP5% 精英在发言和演示产品时，为了让更多的人参与进来，会一边说话一边大幅度地点头。他们认为，这样能展示自己的自信，更容易获得对方的信任。

方式 3：下巴的动作。下巴的动作是指通过下巴的收抬把自己的态度传递给对方。下巴微抬表示一个人在边听边思考，下巴微收可以表达一个人倾听时的紧张心情。采用居家办公的工作方式很容易让他人感觉你在偷懒，但如果能够在网络会议中用非语言交流方式让别人看到你认真倾听的姿态，就能让对方感受到你的认真和热情。

3 个非语言交流方式

方式 1：手指的动作。

方式 2：颈部的动作。

方式 3：下巴的动作。

手指、颈部和下巴的细微动作，可以将你的情感生动地表达出来，并且让别人看到你认真倾听和思考的姿态。用这样的方式沟通不仅可以防止他人误会你在偷懒，还会让他人与你产生共鸣。

AI分析でわかった

トップ5%

社員の時間術

第 7 章

带领你的团队，用最短的时间做出成果

TOP5% 精英	普通员工
寻求他人帮助:“你现在方便吗？”	寻求他人帮助：“等你有空的时候麻烦你一下。”
领导与下属对话频率高，每次用时很短。	领导与下属的接触总时间长。
很少写报告，也很少开会。	做报告时会准备资料，每个人都会在开会时汇报。
在开会时就完成会议纪要。	会后几天内形成最终版的会议纪要。
沟通时，指出对方的长处。	沟通时，强调某项工作对双方都有好处。

发挥最强影响力，构建自主型团队

以“你现在方便吗？”寻求帮助

当我们用 AI 对 TOP5% 精英的言行进行分析后，发现他们在委托他人工作的方式上也与普通员工不同。

普通员工在委托他人工作时，言辞中多有顾忌，会再三询问对方的意向。他们会以“虽然我知道你很忙，但是……”“等你有时间的时候麻烦你……”“你现在有别的任务在忙吗？”等作为开场白。为了避免让对方感到不快，在委托他人工作时有所顾忌是正常的，但若是顾忌太多，有时反而会引起对方的不悦，甚至会降低双方的工作效率。

TOP5% 精英的工作委托方式非常简单。但这并不意味着他们全无顾忌。他们会在照顾到对方感受的同时顺利争取与对方的合作，以避免令对方不悦。

为了验证 TOP5% 精英的工作委托方式的有效性，我们对 29 家客户公司进行了实验。我们在实验中模仿了两种委托方式，并调查了哪一种方式的委托成功率更高。

1. 直接拜托对方说："麻烦你把这份资料做一下。"
2. 先说："可以给我五分钟吗？"然后再提出委托："麻烦你把这份资料做一下。"

结果发现，在 29 家公司中，有 27 家表示使用第二种方式的委托成功率比使用第一种方式的成功率高 20% 以上。虽然调查会受到被委托人的个人状况和委托人的可信度等诸多因素的影响，但这一调查结果的可信度较高。在我们深入分析实验结果后，我们发现实验结果中蕴含了行为经济学中的“一贯性（承诺）原则”。所谓一贯性原则，是指人想要保持行为一致性的心理。

以委托方式这个例子来说，当对方对“现在能给我一点时间吗”这一问题予以回应时，其实就已经展现了愿意帮助你的姿态。因此，如果他拒绝你的请求，就会破坏他愿意帮助你的一贯姿态。此时，为了保持行为的一致性，对方很难拒绝你的请求。

登门槛效应[①]就运用了这种心理现象。这一效应在销售领域比较常见。一个人在突然向对方提出高要求时容易遭到拒绝，所以会先从简单的要求开始提。销售人员也是如此，他们在销售中往往会先提出对方容易接受的要求，再切入销售正题。

① 登门槛效应是指在提出一个较大的要求之前，先提出一个小的要求，从而使别人对大要求的接受度增大的效应。——译者注

我在之前的著作中也介绍过，除了日常寒暄以外，TOP5% 精英使用“你现在方便吗？”这句开场白的频率最高。本次调查结果也表明，用这种开场白更容易让对方心情愉悦地接受你提出的工作委托。

践行自主型团队的 5 大规则

接下来，我来向大家介绍一下能自主思考、自发行动的团队的特征。调查结果显示，这样的团队通常会落实 5 大规则。我自己也站在团队管理者的角度，阅读了调查结果。结果中的确有不少出乎我意料的内容，我需要在这些方面多加注意。接下来，我将给大家介绍能够自主思考、自发行动的团队所践行的 5 大规则。

规则 1：快乐与安全法则。我曾在已出版的书中向大家介绍过一个行动实验的结论，即“如果团队成员内心充满安全感，团队就能在远程办公时出成果”。但是，如果团队成员仅有内心的安全感，产出成果的效率还是会偏低。因为除了心理上的安全感之外，人还需要快乐、兴奋等情感。这就是“快乐与安全法则”。这一法则指参与工作的人对工作本身感到快乐，因此无论做什么样的工作都会感到安全。我们对 22 家公司进行了行动实验，结果表明，这种快乐的感觉会促进团队成员共同作业，从而提高整个团队的工作效率。

一方面，随着 IT 工具的日新月异，以个人为单位推进工作变得越来越容易，人在远程办公时也更能够集中精神。另一方面，员工过于聚焦个人工作，容易忽略团队成员之间的合作，缺乏团队合作也会对工作成果产生影响。

因此，团队成员之间的相互接触，有利于业务的推进；营造使人快乐的工作环境，也更容易促进成果的产出。另外，团队成员一旦形成了“众人拾柴火焰高”的团队意识，就能防止个人工作带来的弊端了。

如果你在办公室里工作，一个很有效的时间管理秘诀是给自己设置“零食时间”。零食时间是指团队成员聚在公共的零食摆放区域，一边闲聊一边吃零食的时间。团队管理者在上午 10 点半和下午 3 点这两个时间点会比较容易把大家召集起来吃零食。大家聚在一起吃零食的过程也是传播快乐的过程。在远程办公中，团队管理者也可以借“零食时间”之名，定下 5 ～ 10 分钟的在线时间，让团队成员闲聊一番。

这种短暂的快乐时光可以防止团队成员被孤立，在成员之间建立起坦诚的合作关系，从而避免因团队成员信息沟通不畅而导致的频繁开会。

规则 2：否定与提出对策的设定。有时，团队成员在会议上的发言与事实不符，或与你的想法相悖。但若是一味对其他成员的发言内容进行否定，只会让会议的气氛变得胶着，也会让团队成员不愿表达自己的意见。因此，请大家尝试在团队中订立这一规则：团队成员在否定别人的同时应提出对策。

一旦订立了这一规则，即便有人提出了与别人相左的意见，也不会让被否定的一方感觉不快，甚至还能让被否定者学会从不同的角度来看待问题。

如果团队成员一味否定他人意见，就像在抱怨他人。只会抱怨的会议是毫无建设性的。团队成员只有在会议上积极提出对策，才能使会议进行得更有效率。

积极提出对策有利于团队成员将消极意见转换成积极想法，进而有助于大家共同坚持快乐与安全法则。

规则 3：帮助团队成员的加分评价机制。欧美的岗位型雇佣模式逐渐在日本的公司中建立起来。这是一种企业在聘用人员时在岗位职责说明书中明确员工职责的雇佣模式。这种雇佣模式的好处是员工的职责范围明确、工作量化、行为易于评价。

岗位型雇佣模式更侧重于评价个人成果。但为了实现团队目标，团队管理者必须保持个人作业和团队共同作业间的平衡，以打造团队合作的文化。但是，即便团队管理者提出团队成员之间要相互合作，如果合作成果不能与团队成员的评价挂钩，团队合作就不能变成公司文化沉淀下来。有些团队成员本身就具有献身精神，会自发加班帮助有困难的员工，但如果没有相应的评价机制，这种奉献行为也难以维持。因此，在团队中建立合理的评价机制，给帮助困难员工的人加分很有效。

虽然改变整个人事评价制度要花费很多时间，但只要领导者自己公开评价制度，团队成员就会做出改变。

这种加分评价机制不仅能加深团队合作，也可以防止仅以个人成果为依据进行评价所产生的弊端。只积累个人成果无法提升整个团队的成果。如果团队成员不具备合作的意识，就无法顺利推进共同作业。

我们在启动工作项目时，除了需要明确工作目标，还应该达成一个共识，即“为团队做贡献的人能够得到好评”。团队成员一开始可能不知道应该帮助别人做些什么，但只要他们有这样的共识，就会慢慢去寻找有困难的成员。

我们在对 179 家引入了该评价机制的公司进行行动实验时，也明显感觉到这些公司正在形成一种文化，这种文化能在促进人际关系和谐的同时将团队目标最大化。

我就职过的微软公司也使用过类似的评价机制。微软这类跨国公司是推行岗位型雇佣模式的典范。在这样的公司中，员工的职责虽然非常明确，但员工之间容易缺乏团队协调性。因此，在 2014 年，萨提亚·纳德拉（Satya Nadella）就任 CEO 期间，微软公司建立了一项名为“帮助他人”（Help Others）的评价制度。这项制度规定，员工只要帮助他人就会得到正面评价。微软共有 3 条评价标准，第一条是业绩评价，第二条是以个人职责为基础的承诺评价，第三条就是助人评价。为了实现“帮助他人”这一行为的可视化，微软会用到一款名叫“Kudos”的公司内部软件。Kudos 是希腊语，有“赞赏、赞美”的意思。当你用 Kudos 向帮助过你的人发送感谢信息时，帮助过你的人和他的领导会同时收到这条信息。领导会查看 Kudos，并把这些感谢信息作为评价下属的依据。

微软能够取得今天的辉煌业绩，就是因为已经形成了一种文化，这种文化鼓励员工在创造个人成果的同时还要乐于帮助他人。

规则 4：不以成功为目标。朝着目标迈进固然重要，但如果你压力过大，皮质醇这种压力激素就会在你脑中蔓延，从而妨碍你继续行动。另外，如果做一件事的失败代价很大，人也会不敢行动。为了建立一个能应对挑战、实现共创的团队，就必须允许失败，赋予团队成员第二次机会。有了第二次机会的保障，团队成员就不会过度不安，就能持续开展工作了。

规则 5：减少与领导的接触时间。在用 AI 分析调查数据时，我发现了很多让人倍感意外的信息。比如，在工作进展顺利的团队中，领导和下属的接触时间往往很短。

有数据显示，如果一个团队中的领导能够很好地支持下属，而下属也能在遇到困难时毫无顾忌地找领导商量，团队就能持续取得成果。因此，我认为领导和下属应该经常沟通。

但是，当我们将工作进展顺利的 TOP5% 精英团队和工作进展不顺的普通员工团队进行对比后，却发现在

TOP5% 精英团队中，领导与下属的接触总时间更短。这里的“总时间短”指的并不是领导和下属的对话少。我们经过更为细致的调查发现，在 TOP5% 精英团队中，领导与下属的接触频率要比在普通员工团队中高出 3.7 倍。而接触总时间短，是因为他们每一次接触的时间都较短。

像这样，因为 TOP5% 精英团队中的成员已经营造出定期对话的良好环境，所以不会出现成员间难以对话的情况。进展顺利的团队询问“你现在方便吗？”的频率是进展不顺团队的 8 倍以上。**进展顺利的团队的领导与下属间会定期进行高频率的对话，只是双方每次对话的时间很短。**

我们在调查领导与下属的接触方式后发现，领导实施精细化管理（微观管理）会降低下属的工作效率。领导都很在意工作进度，因此会细致地确认下属的工作。但是，下属汇报工作需要耗费大量的时间，进而导致整个团队工作效率降低。

在工作进展不顺的团队中，团队成员每次在做工作报告时都需要提前准备。为了证明自己没有偷懒，每个人都会在会议上进行汇报，这已经成为某些团队的常态。反观进展顺利的团队，他们的团队成员既很少写报告，也很少开会。这些团队的领导和下属之间相互信任，领导往往不会干涉下属的工作方法。一旦双方建立了互信关系，即便工作进展不顺，下属也会毫不隐瞒地据实汇报，领导便不会再因为内心不安而要求下属做报告，也会降低开会的频率。在这种互信关系的基础上，领导如果能将自主权都交给下属，让下属主动公开工作进度，团队成员间就可以减少沟通成本。

一个成功的团队并不是要切断领导与下属间的接触，而是要将二者的接触时间控制在最短，以建立并维系团队成员的合作关系。

实验证明，下属在与领导接触的过程中最容易累积压力。虽然领导与下属间的接触必不可少，但尽量不要给下属施加压力。领导与下属应当在保持对话频率的情况下，以双方的相互信任为基础进行沟通。

自主型团队践行的 5 大规则

规则 1： 快乐与安全法则。
规则 2： 否定与提出对策的设定。
规则 3： 帮助团队成员的加分评价机制。
规则 4： 不以成功为目标。
规则 5： 减少与领导的接触时间。

缩短会议时间的 3 个方案

我们对客户公司中共计 17 万名员工进行了主题为“一周内在哪些任务上花费了时间”的问卷调查。结果发现，员工花在公司内部会议上的时间占到了总工作时间的 43%。我们对各公司近 3 年半的内部会议视频进行了长达 1.9 万小时的录像分析。结果遗憾地发现，其中没有产生成果的会议占比高达 37%，而未达到预定目的的会议则占到了 1/3 以上。

在信息共享的会议上，如果与会人员没有认真倾听就无法进行信息的交流；而在进行头脑风暴的会议上，如果不能形成自由发言的氛围，就无法收集到预期的创意。此外，如果出现与会人员因顾忌过多而感到不安或者团队为了开会而开会的情况，会议就难以产出成果。

这些不出成果的公司内部会议有碍员工缩短工作时间。那么，怎样才能缩短公司内部会议的时间呢？我们听取了 TOP5% 精英的意见，找到了 3 个解决方案。只要做到这些最基本的要点，就可以缩短会议时间。

方案 1：让与会者理解会议目的。TOP5% 精英不指望与会者有高涨的参会热情。因为他们知道，很多人参加会议就是为了在椅子上坐坐，他们对于自己在工作繁忙时还要参会感到不满。

在线上会议中，有 41% 的与会者会做与会议无关的事情，根本不会听会议内容。我们匿名采访了这些相关人员，发现他们根本不理解开会的意义和目的，甚至还有人错误地认为开会就是为了让大家聚在一起。为了提高会议效率，开会前贯彻好以下 3 点非常重要。

- 让与会人员理解此次会议的目的和意义。
- 明确各与会人员的职责。
- 向与会人员展示会议目标。

如果能把这 3 点添加到邀请大家参会的邮件中，就能合理利用会议时间。

方案 2：别让领导主持会议。当我们在会后调查参会者对于会议的满意度时，有 62% 的与会人员对公司会议感到不满。他们认为某些特定人员在会议上长谈阔论导致大多数议程都无法按时完成。我们在对所谓的“特定人员”进行调查后发现，这些人大多是参加会议的高管。

课长、部长级别的管理人员在主持会议时往往会不停发言，有时他们还会将同样的话翻来覆去说很多遍。管理人员认为会议在自己的主持下有序进行，而参加会议的下属却往往怨声载道。因为，只有领导单方面发言，就没有必要把员工召集起来开会。另外，如果召开的是讨论会议，却只有高管在发言，或者在决策会议上，只有管理人员在做决策，那么也都没有必要开会。

为了处理这些常见的会议问题，成功的团队会设置立场中立的引导师（Facilitator）一职。因为引导师的立场是中立的，所以他们不会参与会议决策，只会贯彻以下职责。

在讨论会议时，为了让与会者毫无顾忌地尽情发言，引导师会设置闲聊时间，帮助烘托现场气氛，或者要求全员参与回答。在共享信息的会议上，引导师会让与会者逐个参与信息分享，并确认这些信息是否会被其他与会者采纳。

像这样，让引导师掌控“决策”“氛围”和“时间”这 3 个要素，就能将公司的无效内部会议转变为有建设性意义的会议。

以上这些掌控技巧不仅适用于开会，对于应对客户、协调工作等都大有裨益。因此，这些技巧都是大家应该掌握的技能。大家只要搜索“会议”“引导技巧”

等关键词，就能立刻找到相关的书籍和视频，在短时间内学习相关基础知识。

方案 3：在开会时完成会议纪要的制作。在公司，为了给未能与会的员工和初次参加会议的员工共享会议内容，大多数情况下都需要制作会议纪要。员工通过查看会议纪要，可以回想起会议内容，有利于后续工作的开展。另外，有了会议纪要，就能防止大家因反复讨论同一议题而浪费时间。

但是，为了制作会议纪要而花费过多的时间也有问题。譬如，为了向所有与会者确认发言内容，制作会议纪要的员工可能会在会后把纪要发给各部门传阅，并在 4 天后完成最终版的会议纪要。这是 TOP5% 精英绝不会做的“认真细致又拖沓的工作”。而且，如果有人在确认纪要的过程中有意删除或更改发言内容，会议纪要就无法真实呈现会议内容了。

所以，TOP5% 精英采取的方法是，在开会时就完成会议纪要的制作。通过共享数字笔记，将当场记录的笔记连同会议资料一起，实时展示给所有与会者查看。如果是在开网络会议，他们就会把各项议程的主旨发到聊天框里，一旦与会者发现会议纪要存在错误，他们就当场修正。像这样，当场向与会人员展示会议纪要，既可以在会议中完成对会议纪要的确认工作，还能防止会议纪要在会后被随意修改。

调查显示，若是能在会议结束时就整理好会议纪要，那么与会者也会更容易执行会议结果。

原本，做会议纪要的目的就在于正确记录会议内容以备忘记，并把会上决定的事项付诸行动。因此，请大家务必尝试在开会过程中完成会议纪要。

TOP5%
精英的
时间管理
秘诀

AI分析でわかった
トップ5%
社員の時間術

缩短会议时间的 3 个方案

方案 1： 让与会者理解会议目的。

方案 2： 别让领导主持会议。

方案 3： 在开会时完成会议纪要的制作。

善用沟通技巧，避免产生误解

通过认可三明治阻止发言失控

许多管理人员都会把同一件事翻来覆去地说很多遍。这样做的结果是，他们的发言占据了大量的会议时间，从而导致预定的议程无法完成。但是，发言人正是因为相信自己的话有价值才会多次重复。

并且，在网络会议中，只有 21% 的与会者会打开视频。因为看不见与会者的表情，发言人无法得知对方是否理解他们的发言，所以才会对事项进行反复说明。TOP5% 精英十分擅长把控领导发言失控的场面。我将他们使用的技巧命名为“认可三明治”策略。

TOP5% 精英的具体做法如下：针对有人在会上长篇大论的情况，他们会先说“谢谢您的发言”，然后再提示“只剩下 5 分钟了，请进入下一个议题”。最后，用“谢谢（您的配合）”再次认可发言人的讲话。

阻止领导失控的“认可三明治”策略如下：

1. 认可：用“谢谢您的发言”表达对发言人的认可。
2. 拜托：用“只剩下 × 分钟了，请进入下一个议题”来拜托发言人加快进度。
3. 认可：用“谢谢（您的配合）”来结束发言。

TOP5% 精英采用的策略不会直接要求对方快点说完，而是在表达谢意和对对方的认可后再提出请求，这样对方会更容易接受。这也是我们在对 39 家公司进行行动实验的过程中验证过的结论。

拒绝他人工作需求的 3 个技巧

在能持续出成果的团队中，团队成员采用“你现在方便吗”这一开场白的频率是其他团队的 4 倍以上。这样的团队更容易建立起“互帮互助”的关系。

但是，当你问对方“现在方便吗”时，对方也有可能无法立刻回应。如果对方无法实现你的请求却勉强接受，就会破坏你们的关系。TOP5% 精英也很擅长拒绝。通过对他们言行的分析，我们总结了 3 种巧妙拒绝别人的技巧。

技巧 1：适当延后。当无法迅速回应他人的请求时，TOP5% 精英会回答“我可以在 2 个小时后处理吗”，通过延后解决的方式，让对方愉悦地接受自己的提议。

技巧 2：全然拒绝。大家也会因时间不合适而无法接受对方请求。在这种情况下，TOP5% 精英不会简单粗暴地一口回绝，而是会在向对方充分说明理由后再巧妙拒绝。

TOP5% 精英可能会这样拒绝别人：“我必须在明天之前完成这份设计稿，所以今天无法再接其他工作了。”如果他们以紧急的工作为由，被拒绝的一方就不会认为是自己的委托方式有问题，之后双方也能顺利地创建相互信任的关系了。

除了以工作的紧急程度为理由，有时也可以通过表达工作的重要性来巧妙拒绝他人。例如，TOP5% 精英会说：“我当下的任务是把销售业绩提高 1.2 倍，所以很抱歉，在此期间无法接受您的要求。”他们会利用这种方式，先表明自己坚定的信念，再获得对方同意。

技巧 3：推荐其他人。这种方法不是通过表达自己工作太多的方式拒绝他人，而是在确信别人能给委托人帮助的情况下采取的拒绝方式。

不掩盖自己弱点的 TOP5% 精英会清晰明了地告诉别人自己做不了的事情。因为他们明白，接受自己做不了的工作只会让自己和对方都痛苦。因此，他们不会单方面地告诉对方自己不能胜任这一工作，而是会为对方介绍其他合适人选，这样就不会让对方感觉不悦了。

会拒绝非常重要，但是为了维系同事间互帮互助的关系，在拒绝时有必要考虑对方的感受。TOP5% 精英通过延后执行委托人需求，展现工作的紧急程度、重要性和自己对工作的信念、热情，或介绍其他合适人选以避免双方不快等方式拒绝他人。

巧用 7 类应和话术与他人共情

应和是最有效的沟通方式。有意识地让对方看到你用心聆听的姿态，可以让对方变得开心。另外，为了得到对方的信任，必须先让对方看到你的善意举动。

TOP5% 精英在与下属进行一对一沟通时，会将 70% 的表达时间留给下属。领导会带着对下属的兴趣，去聆听下属关心的事情，并以此来构建与下属间的良好关系，而不会只表达自己想说的内容。

我们对超过 1.9 万小时的会议数据进行分析，总结出了 TOP5% 精英独特的提问方式、普通员工没有用过的提问方式和 TOP5% 精英与普通员工共同的提问方式。

我们从中推导出了 7 种有效的应和方式。在每年举办 50 次的管理人员培训课程中，我向学员介绍了这

7 种应和与共情的话术，结果学员做出了如下反馈：

- 从前喜欢休息的下属变得精神饱满。
- 以前沉默寡言的下属变得坦率直爽。
- 在 360 度反馈评价[①] 中得到下属的好评。

还有学员给我写感谢信说："原先精神状态不够稳定的下属，现在在工作时变得精神饱满。"如果将这些方式用在与自己关系好的人身上或者运用得过于刻意，效果会不明显。但若是用在同样想与你建立关系的人身上，效果就会立竿见影。请大家务必试着用以下 7 种表达方式：

1. 用"感叹词 + 表示理解的措辞"来表达情感。
   例如："嗯"1 秒后说"原来如此"。

---

① 360 度反馈评价，也被称为全方位反馈评价或多源反馈评价。传统的绩效评价，主要由被评价者的上级对其进行评价；而 360 度反馈评价则由与被评价者有密切关系的人，包括被评价者的上级、同事、下属和客户等，分别匿名对被评价者进行评价。——译者注

2. 用“肯定＋感想”来表达对对方的认同。例如：“是啊，我感觉你好像挺高兴的。”
3. 用“意外＋感想”来认可对方的知识量或观点。例如：“好意外，我都不知道那件事。”
4. 应和的形式富于变化，更能展现自己正在倾听的姿态。例如：“是的”“嗯”“哦”“原来如此”。
5. “口语＋正式语＋口语”的句式容易让人印象深刻。例如：“原来如此，是这样啊。真厉害！”
6. 用“评价＋主语倒置”，令对方大吃一惊。例如：“好棒哦，那个工作的改进。”
7. 关注对方的工作过程和努力而非结果。例如：“若是没有 ××（表示人的称呼），这么艰难的谈判根本不会成功。”

事前花 5 分钟思考对方优势

沟通的本质是让对方按照自己的想法行动。TOP5% 精英认为，为了达到这一目的，必须提前思考对方的优势。如果只想着自己，就没有人会追随你。另外，若只是强调某项工作对双方都有好处，那么当对方工作负担过重时，他们就会误认为自己是在“被迫合作”。

因此，TOP5% 精英会在请对方参与工作之前先指出对方的长处。人们在谈论他人长处的时候如果展现出傲慢的姿态就会遭到别人的抵触，所以需要在充分理解他人后从对方感兴趣的话题切入谈话。为此，TOP5% 精英会在进行一对一会议或与顾客对话前认真思考对方的情况。例如：

- 对方目前处于什么状态？
- 什么能让对方高兴？
- 什么会让对方感到痛苦？
- 对方想做却没有做成的事情是什么？
- 周围的人是如何评价对方的？

TOP5% 精英认为，在邀请对方参与自己的工作前需要花 5 分钟思考这些问题，然后把问题记在笔记上。他们知道，若是对方感受到别人对自己的欣赏，工作时就会更有动力。所以他们在对话时，不会把重点放在说话本身，而是通过对话表现出自己对对方的欣赏。

仅仅说一句“我喜欢你”很难传递自己的喜爱之情。如果你有真正想做的事，就要在做之前先进行调查。**TOP5% 精英会在对话前做足功课，以便让对方体会到自己为此下过功夫。**不过，在与对方沟通前没有必要花太多时间做准备，只需要花 5 分钟站在对方的立场思考就足够了。

如果你能用客观的眼光看待对方，那么对方也能用同样的眼光看待你。通过这种方式来获取对方的信任，就能与对方建立起伙伴关系。

从缩短工作时间的角度来看，有这样的合作伙伴非常重要。如果一个人烦恼过多，工作的处理速度就会下降，工作效率也会随之下降。但如果有一个可以倾诉烦恼的伙伴，问题就会迎刃而解。当我们一个人独自烦恼时，很容易从消极的方面思考问题。因此，有一位能让我们客观看待自己的同伴，可以帮助我们摆脱不安。

建立激励机制，确保项目顺利推进

将小组成员控制在 5 人以下

为了解决困境，越来越多的公司开始跨部门组建项目组并进行工作方式改革。控制加班时间、降低员工离职率、提高销售业绩和产品利润等一系列工作方式改革单靠一两个部门无法完成。我们需要把销售部门、开发部门、行政部门、营销部门、制造部门等组织起来，组建跨部门项目组。

特别是在超千人的大公司中，部门间的合作必不可少。在组织构架改革不断深化、每年都有新组织诞生的大公司中，仅靠特定部门的努力无法实现公司的系统优化。所以，跨部门合作不可或缺。如果只有销售部门在努力，就无法推进无纸化办公；如果只有行政部门在努力，就无法在公司中推广 IT 工具。

单单组建跨部门项目组解决不了问题。到目前为止，我们已经帮助 800 家公司进行工作方式改革。其中，84% 的公司向我们提出委托的理由是，他们虽已组建项目组，但改革进展不顺，希望我们予以支援。

组建跨部门项目组本就是一项复杂的工程，即便把大家聚在一起也可能毫无进展。的确，各部门成员很难在有限的时间里积极参与自己本职工作之外的项目。他们一开始可能对项目课题感兴趣，有很高的工作激情，但这种激情会逐渐被忙碌冲淡，他们也会逐渐减少对项目的参与。

项目进展顺利的公司会在每个项目组中再组建小组来推进活动。例如，这些公司会在项目组内组建改革会议小组、业务自动化促进小组、学习方法改革促进小组，等等。

把各小组人数控制在 5 人以内是关键。一旦小组人数达到 8 人甚至更多，就会出现偷懒的员工，这被称为“社会惰怠效应”。欧美的跨国公司大多主张以 7 人为限组建项目组，因为他们认为超过 8 人就会产生社会惰怠效应。但是，在日本的公司中，以 7 人为上限组建项目组，进展也不顺利。

《文化版图：打破全球商业隐形壁垒》的作者、欧洲工商管理学院（INSEAD）客座教授艾琳·梅耶（Erin Meyer）曾在她的书中提到："日本人有一个特点，他们会根据语言的前后脉络，一边体察对方的喜怒哀乐，一边彬彬有礼地说话。"这就是"察言观色"。但是要在沟通时察言观色，就需要通过语言来解读说话者的心理。一旦面对的人数过多，解读就变得极其困难。因此，小组成员的人数越少，成员越能进行高密度对话，开诚布公的对话关系就更容易构建。

从我每年所进行的 200 多次团队合作培训的经验来看，我推荐日本的公司将小组成员数控制在 5 人以下。

公开团队内部或团队间的工作进度

公司内部一旦形成能够防止社会惰怠效应的环境，下一步就需要想办法让员工集中精力持续工作。如果员工只依靠工作热情，他们的工作表现就会不稳定，所以必须提高整个团队的士气，营造竞争的环境。

因此，让项目组成员公开各自的任务，并观察其他成员的工作进度，可以使他们在工作的同时感受外界的刺激。我通过对 1 800 人实施行动实验发现，这样的环境构建非常有效。

项目组的管理者只需在项目管理工具中输入工作内容，再一天确认两次项目的整体进度，就能极大地减轻团队成员的工作惰怠。

如果能在项目组内建立起竞争的环境，接下来就需要在项目组之间建立竞争机制了。与建立团队内部相互激励的机制一样，建立团队间的竞争机制要公开各团队间的工作进度。

只需要给项目组成员一点刺激，让他们通过了解其他团队的工作进度，产生不服输的想法即可。团队成员在展示自己的努力和成果时，就会产生工作的新动力。而且，如果自己团队的工作进度超过其他团队，团队内部的凝聚力就会增强，项目组成员的工作热情也会更高涨。

如果领导者将工作打造成团队竞技而非个人竞技，就会使团队成员形成互帮互助的心态。成员在面对失败时也会变得积极向上，他们会想："既使自己失败了，其他成员也会补救。"

在团队内部或团队间公开工作进度，在员工之间营造相互刺激的竞争环境，就能促使员工在工作上主动采取行动。团队作战有助于建立成员间互信互赖的关系，团队目标也会更容易达成。

配备负责指导推进项目的教练

项目的推进不可能完全按照计划进行。我观察了 713 家公司的 3 000 多个项目，其中按计划推进的项目只占全部项目的 3.1%。因此，我们在工作时应当把无法按计划推进项目当作前提，在推进项目时及时修正计划，这会让你离成功更进一步。为此，最有效的方法就是给各个团队配备教练，“指导”项目推进。所谓指导，并不是直接告诉学生答案，而是帮助并引导学生得出答案。

在项目的推进过程中，我们要先决定教练人选。项目通常会在有指导教练的情况下推进得比较顺利。因此，如果做新人项目，就需要任命有多年工作经验的前辈做指导；如果做人事部门的项目，可以任命人事部门的部长做指导；如果做跨公司项目，就可以请公司外部有经验的人士做顾问。

教练的职责是组建自主型团队，而不是单方面教授自己的理论。教练在原则上要让团队成员一起思考项目的推进方法，在成员进展不顺时才帮助他们寻求解决方案。教练不会直接参与决策，只站在第三方的客观角度帮助大家行动。因此，在选择教练时应避免选择那些好管闲事、喜欢夸耀自己过去的专家顾问。

有教练在，即便项目进展不顺，团队也能获得客观意见，更容易打开局面。

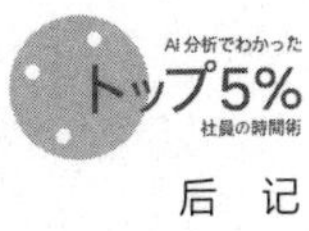

后 记

通过微小改变，开启轻松工作的旅程

TOP5% 精英为了在规定时间内完成工作，会使用非常简单的技巧，我们可以将这些技巧归纳为“开始”“坚持”和“发现”3 项。也许有些读者会因为这些技巧太过普通而大失所望。但 AI 得出的结论是，只要掌握了这 3 项技巧，你就会不同于普通员工，能在最短的时间内产出工作成果。

我们的公司不仅从事调研工作，还根据调研得出的结论，与客户公司的 17 万名员工一起实验，帮助大家改善行动。本书并非只罗列 TOP5% 精英的共同点，而是从他们的共同点中选取了大多数职场人士都能效仿的时间管理秘诀。

在写作本书之前，我曾在 4 家公司工作过，也知道同样的工作方法很难适用于每家公司，所以我想总结一套具有普适性的时间管理秘诀。如果你对调查数据持怀疑态度，且不相信 AI 的分析，那么就很难有效地使用 TOP5% 精英的时间管理秘诀。如果你不把 TOP5% 精英作为目标，就很难着手改进工作方法。因此，不妨先改变行动，再逐步改变自己的想法。即使你的改变没有成功，也比直接放弃更有意义。如果经历过失败，就可以通过修正行为避免再犯同样的错误，进而离成功越来越近。因此，与其满腹牢骚却毫无行动，不如先行动再来抱怨。

起初，我想在收集更多的数据和分析结果后，再将这些内容整理成书。但我感觉，即便我在文字上耗费大量的功夫，也未必能使更多的人改变自己的行为。所以我决定在调查分析进行到 70% 时就假设结论，并开展行动实验。

在瞬息万变的当今社会里，即便我耗费大量时间积累数据，这些数据也会在短期内过时。因此，我希望通过与客户公司进行共同实验，将实验结果转化为鲜活的数据。我想看看普通员工在模仿 TOP5% 精英的时间管理秘诀后能否发生改变，所以我坚持收集并记录行动实验的数据。

在向他人提出建议时，与其说“去健身房可以减肥”，不如说“去健身房 2 个月可以减重 3 公斤”，因为后者更能激起人的行动欲。各公司的 TOP5% 精英，都会站在他人的立场上，选择更能打动他人的措辞，进而让别人接纳自己的建议。

写书也是一种沟通方式。我曾因为连续加班而深陷痛苦，还患上了抑郁症。我真心希望大家不要和我犯一样的错误。因此，我想要把我的想法和解决问题的方法分享给更多人，帮助他们从痛苦中走出来。

请不要试图把本书中介绍的秘诀一步做到位，只有一步步努力、逐个改善问题，才会更容易实现目标。请大家先尝试一项适合自己的时间管理秘诀，在轻松的状态下，工作的启动速度才会变快。请停止把高风险高回报当作工作目标，因为积累低风险低回报的工作成果更为重要。只要大家能掌握时间管理秘诀，就能摆脱被时间追着跑的生活，享受自己掌控时间的快乐。

我坚信，如果能把精力集中在能够产出成果的工作上，并在改进工作方法的同时，迅速达成目标，那么所有的员工都能实现每周工作 3 天的梦想。即使员工每周只工作 3 天，只要他们做出比之前更好的工作成果，公司也不应该降低他们的薪酬。如果实行每周 3 天工作制，像我这样因过度工作而搞坏身体的人就会越来越少，那些需要照顾、护理亲属的人就可以正常工作了。

“More with Less”(用更少的时间完成更多的事情)是我非常喜欢的一句话。我也把这句话送给本书的读者们，期望更多的读者能做出微小的改变，将自己从痛苦的工作状况中解脱出来。

未来，属于终身学习者

我们正在亲历前所未有的变革——互联网改变了信息传递的方式，指数级技术快速发展并颠覆商业世界，人工智能正在侵占越来越多的人类领地。

面对这些变化，我们需要问自己：未来需要什么样的人才？

答案是，成为终身学习者。终身学习意味着永不停歇地追求全面的知识结构、强大的逻辑思考能力和敏锐的感知力。这是一种能够在不断变化中随时重建、更新认知体系的能力。阅读，无疑是帮助我们提高这种能力的最佳途径。

在充满不确定性的时代，答案并不总是简单地出现在书本之中。“读万卷书”不仅要亲自阅读、广泛阅读，也需要我们深入探索好书的内部世界，让知识不再局限于书本之中。

湛庐阅读 App：与最聪明的人共同进化

我们现在推出全新的湛庐阅读 App，它将成为您在书本之外，践行终身学习的场所。

- 不用考虑“读什么”。这里汇集了湛庐所有纸质书、电子书、有声书和各种阅读服务。
- 可以学习“怎么读”。我们提供包括课程、精读班和讲书在内的全方位阅读解决方案。
- 谁来领读？您能最先了解到作者、译者、专家等大咖的前沿洞见，他们是高质量思想的源泉。
- 与谁共读？您将加入优秀的读者和终身学习者的行列，他们对阅读和学习具有持久的热情和源源不断的动力。

在湛庐阅读 App 首页，编辑为您精选了经典书目和优质音视频内容，每天早、中、晚更新，满足您不间断的阅读需求。

【特别专题】【主题书单】【人物特写】等原创专栏，提供专业、深度的解读和选书参考，回应社会议题，是您了解湛庐近千位重要作者思想的独家渠道。

在每本图书的详情页，您将通过深度导读栏目【专家视点】【深度访谈】和【书评】读懂、读透一本好书。

通过这个不设限的学习平台，您在任何时间、任何地点都能获得有价值的思想，并通过阅读实现终身学习。我们邀您共建一个与最聪明的人共同进化的社区，使其成为先进思想交汇的聚集地，这正是我们的使命和价值所在。

图书在版编目（CIP）数据

TOP5% 精英的时间管理秘诀 / (日) 越川慎司著；程俐译 . — 杭州：浙江科学技术出版社，2024.4
ISBN 978-7-5739-1154-4

Ⅰ . ①T… Ⅱ . ①越… ②程… Ⅲ . ①时间—管理 Ⅳ . ① C935

中国国家版本馆 CIP 数据核字（2024）第 060131 号

书　　名　**TOP5%精英的时间管理秘诀**
著　　者　[日] 越川慎司
译　　者　程　俐

出版发行　**浙江科学技术出版社**
地址：杭州市体育场路 347 号　邮政编码：310006
办公室电话：0571-85176593
销售部电话：0571-85062597
E-mail:zkpress@zkpress.com
印　　刷　唐山富达印务有限公司

开　　本	880mm×1230mm　1/32	**印　　张**	6.625
字　　数	94 千字		
版　　次	2024 年 4 月第 1 版	**印　　次**	2024 年 4 月第 1 次印刷
书　　号	ISBN 978-7-5739-1154-4	**定　　价**	79.90 元

责任编辑　柳丽敏　　**责任美编**　金　晖
责任校对　张　宁　　**责任印务**　田　文